Ignaz von Döllinger

Der Kirchenstaat

eine Beleuchtung der Schrift Joh. Jos. Ign. von Döllingers

Ignaz von Döllinger

Der Kirchenstaat
eine Beleuchtung der Schrift Joh. Jos. Ign. von Döllingers

ISBN/EAN: 9783744621342

Hergestellt in Europa, USA, Kanada, Australien, Japan

Cover: Foto ©Lupo / pixelio.de

Weitere Bücher finden Sie auf **www.hansebooks.com**

Der Kirchenstaat.

Eine Beleuchtung

der Schrift

Joh. Jos. Ign. von Döllinger's:

„Kirche und Kirchen,
Papstthum und Kirchenstaat."

(Aus dem „Katholiken" besonders abgedruckt.)

Mainz,
Verlag von Franz Kirchheim.
1862.

Mainz, Druck von Florian Kupferberg.

I.

Die neue Schrift und die zwei Vorträge*).

Drei Fragen waren es besonders, die wir uns stellten, als wir Döllinger's längst erwartete Schrift über den Kirchen-

---

*) Wir fühlen uns gedrungen, der vorstehenden Besprechung des Döllinger'schen Werkes, welche wir einem der gründlichsten Kenner des Kirchenstaates und der Geschichte verdanken, einige Bemerkungen vorauszuschicken. Vor Allem ist es die, daß wir das neueste Buch Döllinger's als ein ganz eminentes Werk betrachten. Schwerlich besitzt die neuere Literatur ein Buch, in welchem die Unhaltbarkeit aller von der katholischen Kirche getrennten religiösen Gestaltungen und damit die Wahrheit und Nothwendigkeit der Kirche und ihres Primates durch die einfache Constatirung des religiösen Zustandes der dermaligen Welt so überzeugend, mit so classischer Klarheit und hinreißender Lebendigkeit dargelegt wurde, als das Buch Döllinger's, und es scheint fast ein Gewinn, daß die allerdings für die Kirche wenig erfreuliche Veranlassung zur Herausgabe desselben ihm auch außerhalb der Kirche einen weiten Leserkreis verspricht.

Diesem herrlichen Inhalte und dieser großen Bedeutung des Buches gegenüber verursacht es uns ein gewisses Mißbehagen, zunächst nur kritisch und berichtigend auftreten zu müssen. Weit mehr entspräche es unserer Neigung, von dem Reichthum der Thatsachen und Gedanken, der uns hier geboten wird, einen positiven Gebrauch zu machen und die angeregten fruchtbaren Ideen zu erörtern.

Allein die Sache erheischt es zunächst, jene Seiten des Buches in's Auge zu fassen, welche einer Berichtigung um so mehr bedürfen, je schwerer das Ansehen des Verfassers und der Glanz seiner Darstellung in die Wagschale fällt.

Döllinger hat die Geschichte und die Zustände des Kirchenstaates viel zu schwarz geschildert und manchfach ungerecht beurtheilt — und dieses bedarf der entschiedensten Berichtigung. Auch kann die große Verehrung und Liebe, die wir für Döllinger hegen, uns nicht abhalten, offen es auszusprechen, daß er in seinen Vorträgen und in diesem seinem Buche in der Besprechung der Mißstände im Kirchenstaate und der Personen der Päpste nicht jene Vorsicht und nicht überall jene Pietät an den Tag gelegt hat, welche sich mit der freimüthigsten Wahr-

staat†) endlich in unseren Händen sahen: 1) Warum wartete Döllinger so lange mit der verheißenen Publication

heitsliebe vollkommen vertragen hätte und welche bei dem gegenwärtigen Martyrium des Papstes doppelt geboten war. Wir sind vollkommen mit Döllinger, und fügen wir bei, mit allen einsichtsvollen und vom Geiste der Kirche erfüllten Männern, einverstanden, daß es falsch und verwerflich sei, an katholischen Personen und Zuständen Alles zu loben, alle Mißstände zu verhüllen, das Messer nie an die Wunde zu setzen. Wir sind vollständig einverstanden, daß Freimüthigkeit eine wesentliche Eigenschaft des christlichen, des kirchlichen Geistes ist. Allein zwei Dinge müssen wir von dem Privatschriftsteller so heiligen Interessen und Sachen gegenüber fordern: vor Allem, daß er in der Sache nicht einseitig das Böse übertreibe und das Gute zu wenig beachte; dann aber, daß in der Form überall jene heilige Liebe und Ehrfurcht hervortrete, welche die Heiligen, auch wo sie straften, nie verläugnet haben. Was das erstere betrifft, so haben wir es schon ausgesprochen, daß Döllinger's Darstellung und Urtheil, wie aus nachfolgender Abhandlung wohl zur Genüge sich ergeben wird, wesentliche Verbesserungen erheischt. In der anderen Beziehung aber ist die ganze Schrift allerdings von der ächten Farbe eines ungeheuchelten katholischen Glaubens und einer unerschütterlichen Anhänglichkeit an die Kirche und ihr Oberhaupt durchdrungen; aber es kann nicht verschwiegen werden, daß doch auch gar Manches — zumal unter den gegenwärtigen Umständen — das Herz des katholischen Lesers recht tief verletzt und daß gar manche Aeußerungen und Anschauungen vorkommen, die ganz gewiß ein Heiliger nicht theilen würde. Nemo ab omni parte beatus. Döllinger ist eine Zierde der katholischen Literatur, ein durch und durch kirchlicher Mann und Priester und auch seine beiden Vorträge und sein gegenwärtiges Buch sind offenbar aus Liebe zur Kirche, auch in ihren anstößigen Theilen, hervorgegangen. Allein wir wissen nicht, was ihn bewogen hat, gewisse Zugeständnisse zu machen, die in der Wahrheit nicht begründet sind und der Sache der Kirche zu nahe treten. Nach der Darstellung Döllinger's im zweiten Theile seiner Schrift könnte man glauben, daß an der gegenwärtigen Lage des Papstes vorzugsweise die Mißstände seiner weltlichen Regierung schuld seien, während es doch im tiefsten Grunde der Sturm der antikirchlichen Revolution und des revolutionären Despotismus gegen den Stellvertreter Christi, das Oberhaupt der katholischen Kirche und die specifisch heidnische Geistesrichtung des italienischen Unitarismus ist, was den apostolischen Stuhl in diese Lage gebracht hat. Das Kreuz ist dem Papst bereitet nicht wegen der Fehler, die er und seine Vorgänger begangen,

seiner bereits im April gehaltenen, damals allenthalben, auch in diesen Blättern[1]) besprochenen Vorträge? 2) Warum bietet er statt derselben ein so großes Buch und gibt dieselben nur im Anhange, und auch da nicht vollständig wieder? 3) In welchem Verhältnisse steht der Text dieses Buches zu den von den Tagesblättern gelieferten Berichten über jene Reden?

Die Antwort auf die erste Frage finden wir S. XIII der Vorrede, wo Döllinger selbst jene Frage berührt und zwei Gründe für die Verzögerung dieser Publication angibt. Der erste Grund ist dieser: „Es handelte sich nicht bloß um **Mißverständnisse** (die durch sofortigen Druck abzuschneiden gewesen wären); vielmehr hatte gar Manches, was ich allerdings gesagt, in vielen Kreisen, vor Allem bei unseren Optimisten unangenehme Empfindungen erregt. Ich wäre also sofort mit meinen nackt hingestellten Behauptungen in einen aufreizenden Zeitungs- und Flugschriftenhader verwickelt worden, und das war keine lockende Aussicht." Ob indessen **Döllinger** jetzt, nachdem er die früher nackt hingestellten Behauptungen belegt, bei der Beschaffenheit dieser (meist der Revolutionsliteratur angehörigen) Belege jeder Polemik enthoben, über jeden Angriff erhaben ist, ob manche „Optimisten" nicht auch jetzt seine Auffassung der Verhältnisse des Kirchenstaates viel zu pessimistisch finden und die gegebenen oder gefundenen Aergernisse für gehoben er-

---

sondern wegen des Amtes und des Geistes Christi, dem er unerschütterlich treu ist. Wir denken übrigens, daß auch Döllinger hierin vollkommen mit uns einverstanden ist. Möge nun die Discussion mit allem Ernst und Freimuth, aber auch mit Liebe geführt werden, dann wird aus dem, was in dieser Sache von Döllinger und auch von seinen Widerlegern gefehlt wurde, nur zum Triumphe der Wahrheit und zum Besten der Kirche, die keine Wahrheit zu scheuen hat, gereichen. Die Besprechung einzelner Punkte der Döllinger'schen Schrift behalten wir uns vor. Die Red.

†) Kirche und Kirchen, Papstthum und Kirchenstaat. Historisch-politische Betrachtungen von J. J. J. von Döllinger. München 1861. Literarisch-artistische Anstalt der J. G. Cotta'schen Buchh. S. 684.
1) Katholik 1861. Maiheft. S. 513 ff.

achten, das könnte immerhin noch bezweifelt werden, so sehr man ihm auch dafür zu Dank verpflichtet ist, daß er sich klar und entschieden ausgesprochen und die Möglichkeit gegeben hat, seine wirklichen Gedanken von den ihm bloß nach ungenauen Berichten zugeschriebenen zu scheiden. Der zweite Grund ist folgender: „Ich erwartete, daß die weitere Entwickelung der Dinge in Italien, die unaufhaltsam fortschreitende Logik der Thatsachen, die Gemüther für gewisse Wahrheiten empfänglicher machen würde. Ich hoffte, man würde allmälig in der Schule der Thatsachen lernen, daß es nicht genüge, immer nur mit den Ziffern: Revolution, Geheimbünde, Mazzinismus, Atheismus zu rechnen, die Dinge nur nach dem im „Juden von Verona" dargebotenen Maßstabe zu messen, daß vielmehr noch andere Factoren hinzugenommen werden müßten, z. B. die Beschaffenheit des italienischen Klerus und sein Verhalten zu den Laien. Ich wollte daher einige Monate verstreichen lassen, ehe ich vor das Publicum träte." Wir müssen zu unserer Schande gestehen, daß wir nicht ganz klar einsehen, für welche Wahrheiten die Logik der Thatsachen die Gemüther empfänglicher machen sollte und welche bessere Erkenntniß man in der Zeit vom April bis October d. J. in Betreff des Kirchenstaates gewinnen konnte. Unseres Wissens hat sich in diesem Zeitraum keine wesentliche Veränderung hierin ergeben. Daß mehrere Geistliche sich der von Piemont vertretenen Sache zuwenden würden, hatte man nie bezweifelt; die Gavazzi und die Bassi von 1848 hatten zur Genüge darauf vorbereitet und selbst ein Prälat, wie Emmanuel Muzzarelli, der als Unterrichtsminister in das Revolutionsministerium vom 16. November 1848 eintrat und an den folgenden Gewaltacten thätigen Antheil hatte, fehlte damals nicht. Der Benedictiner Tosti und der Exjesuit Passaglia, allerdings gefeierte Namen (vgl. Döllinger S. 649), sammt den Diis minorum gentium haben eben nur neue Beweise dafür geliefert, daß reiches Wissen nicht vor Verirrungen schützt, daß der Einheitsgedanke auch sonst geistig hervorragende Männer berauschen und die herrschende Strömung, zumal wo ihr der Wind des persönlichen Ehrgeizes secundirt, leicht auch besonnenere Kleriker mit sich fortreißen kann, selbst abgesehen von den Mitteln, mit denen von Turin aus die „moralische" Eroberung Rom's in das Werk gesetzt werden will. Uns haben die Bekehrungen einer Anzahl von italienischen Geistlichen zur sardinischen Politik nicht überraschen und unsere Achtung für die „nicht nationalen" Priester nicht vermindern können; auch heute erwarten wir für den „Passaglianismus" keine zu glänzenden Erfolge [1]. Das Treiben der Geheimbünde, die Macht der Revolution haben wir ebensowenig über- als unterschätzen wollen [2].

Indessen wir bescheiden uns gerne und lassen die gegebene Antwort vollständig gelten; hat ja doch dieses Zuwarten uns ein höchst reichhaltiges Werk geliefert, das auch abgesehen von seiner Veranlassung immer seinen hohen Werth behält. Das führt uns aber zugleich zu der Erörterung der zweiten Frage hinüber.

Der Verfasser wollte, was er in jenen Vorträgen angedeutet, näher ausführen: er wollte das Papstthum als Weltmacht in seiner universalen Bedeutung darstellen, und um das vollständig zu können, glaubt er die inneren Zustände der „Kirchen," welche sich dem Einflusse des Papates entzogen haben, genauer schildern zu müssen. Der Plan erweiterte sich unter seinen Händen (S. XII) und so entstand ein größeres Werk, dessen kürzerer Theil nur die Frage des Kirchenstaates behandelt, während der viel längere erste Theil der Kirche und den von ihr getrennten Landeskirchen gewidmet ist. Der zweite Theil, der über den Kirchenstaat, ist eine Paraphrase und Erweiterung der Vorträge mit steter Berufung auf die benützten Quellen. Die Berichte in den Tagesblättern konnten, so lange die Reden nicht wörtlich reproducirt wurden, nur schiefe Auffassungen erzeugen; jetzt ist

---

1) Ueber Passaglia's Schrift vgl. Augsb. Allg. Zeitung 9. Novbr. Beil. (wo nur sehr voreilig und unmotivirt gegen den Orden polemisirt wird, dem derselbe seit drei Jahren nicht mehr angehört), sowie das erste Novemberheft der „historisch-politischen Blätter."

2) Vgl. Katholik 1861 a. a. O. S. 525 526.

ihr Sinn genauer zu ermitteln sowohl aus dem Commentar, der sich für sie aus dem zweiten Theile des Werkes ergibt, als aus dem Abdruck der Vorträge im Anhang, wie er schon bald nach denselben verheißen worden war. Daß hier die gehaltenen Reden nur als Beilage erscheinen, rechtfertigt sich ganz einfach aus dem die dort gesteckten Schranken überschreitenden Plane des Autors. Sie sind abgedruckt, sowie sie vorher schriftlich entworfen waren, „nur mit Weglassung der Einleitung, die sich in allgemeinen, die Kirchenstaatsfrage nicht berührenden, Zeitbetrachtungen erging; und natürlich mit Uebergehung mancher, im mündlichen Vortrage aus dem Stegreife eingeflochtenen, näheren Ausführungen, die selbstverständlich an dem Sinne des hier Abgedruckten nichts änderten" (S. XII).

Auch damit können wir uns vollkommen beruhigen. Der Verfasser, dem die Besprechung seiner Vorträge in so vielen Preßorganen innerhalb und außerhalb Deutschlands völlig unerwartet kam (S. X, XI), hat seine durchaus redlichen und männlichen Absichten wie seine Anhänglichkeit an den Stuhl Petri nicht nur durch die von ihm bei einer feierlichen Gelegenheit gesprochenen Worte, sondern auch in den durch seine Vorrede dargebotenen Aufschlüssen an den Tag gelegt. Er hat zugleich Gelegenheit gegeben zu der Wahrnehmung, daß einzelne seiner Aeußerungen in den oben erwähnten Zeitungsberichten viel zu schroff, ihrer „Wenn" und „Aber" entkleidet, ihres Zusammenhangs zum Theil beraubt, und so doch einigermaßen entstellt wiedergegeben waren. Damit ist im Wesentlichen auch die dritte unserer Fragen erledigt. Wir finden wohl dieselben Hauptgedanken, dieselbe Argumentation, aber Manches gemildert in der Form, weniger den Mißdeutungen ausgesetzt, Vieles eingehender erörtert, damit aber auch noch keineswegs alle die Bedenken beseitigt, welche bei dem Bekanntwerden jener Resume's und Referate der Zeitungen von vielen Katholiken erhoben worden sind. Was diejenigen betrifft, die namentlich uns aufgestiegen waren, so sind sie nur zum Theile gehoben, zu einem anderen Theile aber wesentlich verstärkt worden.

Was zunächst die als gehoben zu betrachtenden Anstände betrifft, welche die zwei, wie ein Ereigniß von den Einen begrüßten, von den Andern bedauerten Reden hervorgerufen hatten, so sind über Zielpunct und Tragweite so mancher damals ausgesprochenen Ideen Aufschlüsse gegeben, die kaum mehr etwas zu wünschen übrig lassen und eine hochherzige Gesinnung zeigt sich darin, daß der Redner in der an dem Aergernisse, das Viele an seinen Vorträgen genommen, von ihm gemachten Wahrnehmung, wie tief und fest die Anhänglichkeit an den Stuhl Petri gewurzelt sei, eine reiche Entschädigung für die ihm persönlich widerfahrenen Kränkungen gefunden zu haben erklärt (S. XII).

Ferner: Unter den Fragen, die seit der letzten Bedrohung und Spoliation des heiligen Stuhles aufgeworfen und hin und wider besprochen wurden, war eine der principiell wichtigsten die: Ist die weltliche Herrschaft mit der kirchlichen Stellung des Papstes vereinbar? Nach den früher in den Tagsblättern veröffentlichten Berichten über die im Odeon zu München gehaltenen Vorträge war man zu glauben versucht, Döllinger verneine diese Frage geradezu, wenigstens was die Verhältnisse der Gegenwart betrifft. Aber der dort gegebenen Fassung gegenüber erscheint nun in den gedruckten Vorträgen (vgl. S. 671, 674) Vieles bedeutend modificirt und auch den allerdings verfänglichen, dort ganz schroff hingestellten Satz: „Priester und Richter zu sein sind völlig widersprechende Dinge[1]" haben wir in letzteren nicht wieder aufzufinden vermocht, mag auch so Manches an denselben anklingen und erinnern.

Die Hoffnung auf eine dereinstige Wiederherstellung des Kirchenstaates hat einen bestimmteren Ausdruck gefunden und die hier eröffneten Aussichten sind für schlichte Katholiken immerhin tröstlicher, als das Harren auf ein im fernen Meere auftauchendes Delos, das dem von seinem Sitze verjagten Statthalter Christi eine gastliche Freistätte bieten soll. Den ungerechten Angriff Sardiniens auf die päpstliche Souverainetät und das hochherzige

---

1) Augsb. Allgem. Zeitung v. April 1861.

Streben Pius IX. für die Wohlfahrt seines Volkes hatten die Vorträge auch in der Fassung, welche die Berichterstatter der Tagsblätter lieferten, ganz in Uebereinstimmung nicht bloß mit den Katholiken, sondern mit den Urtheilsfähigen und Unbefangenen aller Parteien in das gebührende Licht gesetzt; aber weit mehr explicite finden sich beide Gedanken in der neuen Schrift entwickelt und die ebenso wahre und schöne als warme und ergreifende Schilderung des jetzigen Kirchenoberhauptes (S. 624—627) ist sicher Tausenden, die den edlen Pius zu sehen und in der Nähe zu beobachten das Glück hatten, aus dem Herzen geschrieben; ja wer sonst diese Schilderung liest, möchte leicht mit dem alten Römer auszurufen versucht werden: Virtute gubernante rempublicam quid potest esse praeclarius, quum is, qui imperat aliis, servit ipse nulli cupiditati [1])?

Allein es ist dem scharfsinnigen Kirchenhistoriker nicht minder gelungen, gerade die schwierigsten Seiten des „verwickelten" Problems herauszuheben, das Ernste und Tragische der Situation des heiligen Vaters lebendig zu vergegenwärtigen. Da steht das reinste Streben eines der hochherzigsten Regenten der eisernen Wucht der Verhältnisse fast ohnmächtig gegenüber; da wird fast jedes Mittel seiner Segen spendenden Wirksamkeit ihm aus den Händen gewunden; da scheitern die bestgemeinten Pläne; da bietet die Macht eingewurzelter Mißstände und verderblicher Gewohnheiten, der über den ganzen Staatsorganismus verbreitete Krankheitsstoff allen seinen Verbesserungsversuchen und selbst der erleuchtetesten Vernunft starren Trotz, so daß hier das andere Wort des berühmten Redners Geltung zu haben scheint: Vincit ipsa rerum publicarum natura saepe rationem [2]).

Wenn nun der geistreiche Verfasser die Schäden und Wunden des Kirchenstaates aufzudecken und zu besprechen unternimmt, so thut er es, wie er ausdrücklich versichert, „dem Beispiele älterer Freunde und großer Männer der Kirche folgend, nur um die

---

1) *Cicero* de republ. L. I.
2) Id. L. II.

Möglichkeit und Nothwendigkeit der Heilung klar zu machen und um den Vorwurf zu entkräften, als ob die Vertheidiger der Kirche jede ihrer Sache ungünstige oder ungünstig scheinende Thatsache zu beschönigen oder zu vertuschen und abzuläugnen bestrebt seien" (S. XIV, XV). Der römische Stuhl hat sich selbst nie Vollkommenheit oder Irrthumslosigkeit in seiner weltlichen Regierung beigelegt und hat sehr oft die freimüthige Enthüllung der am päpstlichen Hofe bestehenden Mißstände dankbar aufgenommen; auch die ihm am treuesten ergebenen und am nächsten stehenden Männer haben darauf hingewiesen, daß an der Curie Gebrechen und Unvollkommenheiten sich finden, wie ja auch die Gemächer der Könige bisweilen von Staub bedeckt werden, von dem sie gereinigt werden müssen, und daß Rom es war, das die Ehre der Altäre und der kirchlichen Verehrung eben jenem Bernhard zuerkannte, der es in seinen Schriften so bitter getadelt und gegeißelt hat[1]). So verschieden man nun auch über Convenienz und Zweckmäßigkeit der uns hier gebotenen Enthüllungen denken kann, an sich ist weder der Zweck noch die Sache selbst zu mißbilligen. Es kann sich also zunächst nur darum handeln, **ob thatsächlich und wirklich die Zustände des Kirchenstaates diejenigen waren und sind, wie sie der Verfasser auffaßt, ob nicht in seiner Darstellung Manches noch weitere Modificationen zuläßt oder auch fordert.**

Hier ist einer der Puncte, in dem wir nicht mit Döllinger übereinstimmen und in dem wir die früheren Anstände nicht gehoben, sondern verstärkt finden. Hier ist ein gerechtes Urtheil äußerst schwer, eine oder die andere unfreiwillige Täuschung sehr leicht denkbar. Ist es doch selbst, wie früher dem heil. Petrus Damiani, so auch dem heil. Bernhard in seinen Büchern de consideratione, die er seinem früheren Schüler, dem Papste

---

[1]) So der päpstliche Legat Aleander in seiner Rede auf dem Reichstage zu Worms vom 13. Februar 1521 (bei Pallavicini, Geschichte des Concils von Trient, Buch I. Cap. 25).

Eugen III. zusandte, aus zu großem ascetischen Eifer begegnet, unter einer Masse von tiefen Wahrheiten auch manche Dinge zu übertreiben, zu grell auszumalen oder einseitig zu beurtheilen, die theils den damaligen Zuständen gemäß gar nicht oder nur schwer anders gestaltet sein konnten, theils in der Realität sich doch nicht in der Weise ausnahmen, wie sie der in seiner Zelle betrachtende, wenn auch sonst mit dem Leben noch so sehr vertraute Ordensmann in der Ferne aufgefaßt hatte.

Die Schrift Döllingers wird bei Verschiedenen verschiedene Eindrücke hervorrufen. Die Einen werden es dem gefeierten Theologen zum hohen Ruhme rechnen, daß er freien Blicks den Drang der Neuzeit zu würdigen und ihm gerecht zu werden bemüht war, daß er alte Schäden auch an einem mit der Kirche zusammenhängenden und ihr theueren Institut nicht verschweigen und freimüthige Verbesserungsvorschläge der allgemeinen Prüfung unterstellen wollte. Den Andern wird es scheinen, derselbe habe in manchen Beziehungen doch einen zu großen Respect vor dem modernen Staate, vor gewissen weltläufigen, darum aber in sich nichts weniger als ewige Geltung beanspruchenden Ideen, vor einer Anzahl jetzt als Errungenschaften der Neuzeit hochgepriesener Einrichtungen, die selber nur vergängliche, unvollkommene Formen sind, sicher bestimmt, an sich richtigeren und dauerhafteren Institutionen einst den Platz zu räumen. Ja es könnte sich derselbe, zumal im Auslande, vor Allem in der italienischen Presse, den Schein zuziehen, als fordere er die von den Cavourianern vertretene „moderne Civilisation," die von den französischen Pamphletisten stürmisch verlangte Herrschaft der „großen Principien von 1789" und die allseitige Säcularisation der Institutionen nach ihrem Sinn und Geschmack, was bei den Einen wieder zu ebenso entschiedenem Tadel als bei den Anderen zu unbedingtem Lobe führen würde, obschon es sicher nur in neuen Mißverständnissen seinen Grund hätte.

Daß das Gefühl der europäischen Völker, daß der Zeitgeist gegen die weltliche Papstgewalt sich sträube, las man als eine Behauptung Döllingers in den Referaten der Zeitungen über seine Reden. In der neuen Schrift finden wir den Gedanken ausgeführt, daß die Vermischung des Geistlichen und des Weltlichen, wie sie im päpstlichen Staate bis jetzt bestanden haben soll, der ganzen modernen Zeitrichtung entgegen sei und daß sich die seitherige Regierungsweise mit den berechtigten Volkswünschen und dem Zeitgeiste überhaupt nicht vertrage. Gewissen liberalen Exigenzen wird ein sehr hohes Gewicht beigelegt, ihren Säcularisationstendenzen vielfach das Wort geredet — und auch hierin können wir, obschon nicht principielle Gegner der Reformen, nicht völlig mit dem Gesagten einverstanden sein. Viele Theoreme unseres Liberalismus sind noch nicht über jeden Zweifel festgestellt, haben an verschiedenen Orten zu gefährlichen Experimenten, bisweilen sogar zu unheilvollen Consequenzen geführt, darum noch immer nicht das Mißtrauen vieler Conservativen beseitigt; sie für den Kirchenstaat unbedingt acceptiren würde ebenso ein gewagtes Experiment sein, abgesehen von ihrem moralischen Gehalte und ihren Einflüssen auf die religiöse Gesinnung. Hier scheint Vieles noch nicht gesichtet und in unserer gährungsvollen Zeit ist diese Sichtung doppelt schwer.

Immer mehr wird aber auch in unserer Zeit der Theologe dahin gedrängt, die politischen Fragen zu studiren, und in Italien hat der Mangel an allem politischen Urtheil gerade jetzt sonst renommirte Theologen auf bedauernswürdige Abwege geführt. Wir danken es der Anregung Döllinger's, daß er viele hieher einschlägige Fragen auch theologischen Kreisen nahe gelegt; wir hoffen, daß sie in diesen ihre ruhige und principielle Würdigung finden. Wir unsererseits können hier nicht auf das gesammte hier eröffnete Gebiet eingehen, wozu sehr weitläufige Erörterungen nöthig wären; wir wollen zunächst, ohne den Werth der Arbeit Döllinger's im geringsten zu verkennen, nur die Puncte namhaft machen, in denen wir eine Modification der gefällten Urtheile für nöthig halten und in denen wir nicht derselben Meinung mit dem berühmten Autor sind, während wir mit ihm die gleichen Wünsche und die gleichen Gesinnungen hegen, von gleicher Verehrung für das großartige und bewunderungswürdige Institut des Papstthums durchdrungen sind.

Nachdem aber Döllinger eine Rundschau über die vom römischen Stuhle getrennten christlichen Religionsgenossenschaften für eine wesentliche Anforderung zur erschöpfenden Behandlung seines Gegenstandes erachtet und dabei so manche seiner auch für die päpstliche Frage wichtigen Ansichten entwickelt hat: so wollen auch wir uns nicht davon eximiren, ihm auf diesem Wege zu folgen und erst, nachdem er zurückgelegt, zur näheren Prüfung desjenigen schreiten, was hier über den Kirchenstaat gesagt worden ist. Auch der Leser wird dadurch in den Stand gesetzt, allseitig und gerecht die neue Schrift zu beurtheilen, die dermalen unter Personen der verschiedensten Gesinnungen so vieles Aufsehen erregt.

II.
Das Papstthum und die papstlosen Kirchen.

In lebendigen Zügen schildert uns Döllinger die universale Stellung der Kirche unter den verschiedenen Völkern, ihre einigende und veredelnde Kraft, ihr festes Bestehen unter den mannigfaltigen Reactionen des nationalen Egoismus. Diese große Völkerkirche aber kann sich, wie des Weiteren gezeigt wird, ohne eine oberste einheitliche Spitze nicht behaupten und eine solche ist ihr in dem von Christus gegründeten Primate des römischen Bischofs gegeben, der gleich der Kirche selbst sich stetig entwickelt und immer höhere Bedeutung in der Geschichte gewonnen hat. Obschon die höchste, ist diese Gewalt doch durch kirchliche Regeln gebunden, durch ihren Zweck, durch ehrwürdige Traditionen, durch unerläßliche Rücksichten beschränkt.

Aus den gegen den päpstlichen Stuhl erhobenen Vorwürfen nimmt der gelehrte Autor Anlaß, die so oft gehörte falsche Behauptung zu widerlegen, der Protestantismus des sechzehnten Jahrhunderts habe die moderne Religionsfreiheit begründet, was vielmehr zuerst gegen die Mitte des siebenzehnten Jahrhunderts katholische Engländer in der nordamerikanischen Colonie

Maryland versucht. Wie jenes Princip erst im achtzehnten Jahrhundert unter der Herrschaft des Indifferentismus und in Folge langwieriger Kämpfe sich größere Anerkennung errang, wie das mit dem alten Protestantismus so enge verwachsene, noch heute nicht ganz überwundene Territorialsystem den verderblichsten Einfluß übte, wie schwierig es im Ganzen sei, das richtige Maß des Staatsschutzes für eine herrschende Confession zu bestimmen — das Alles hat Döllinger mit ebensoviel Scharfsinn als Erudition nachzuweisen gesucht. Als Ergebniß seiner Erwägungen stellt sich Folgendes dar (S. 91 ff.): „Seit den großen Spaltungen des sechzehnten Jahrhunderts ist in den europäischen Culturstaaten ein Zustand eingetreten, ist der Verkehr und die Mischung der Völker, die Leichtigkeit der Mittheilung so gesteigert, der wechselseitige Einfluß der Nationen so unberechenbar geworden, und übt die öffentliche Meinung eine so unwiderstehliche Macht, daß die Staatsgewalten im eigenen Interesse, wie in dem der verschiedenen Kirchen, sich in die Nothwendigkeit versetzt sehen, der Einmischung in die religiösen Verwicklungen sich möglichst zu enthalten, den Gliedern verschiedener Bekenntnisse, so lange sie nur wirklich noch christlich heißen können, bei gleichen Pflichten auch gleiche bürgerliche Rechte zu gewähren, und dem geistigen Kampfe der Kirchen ruhig zuzusehen, doch mit dem Berufe, für Wahrung des öffentlichen Rechtes, der bürgerlichen Ordnung und der vollen Freiheit Aller Sorge zu tragen."

Es ist Thatsache, daß in den meisten neueren Staaten jetzt Katholiken und Protestanten friedlich zusammenwohnen, im bürgerlichen Leben die alten confessionellen Bollwerke und Scheidewände mehr und mehr gefallen sind oder unhaltbar wurden, und eine vielseitige Verschlingung und Mischung unter den durch die Religion Getrennten Statt gefunden hat. Daß die Folgen hievon „überwiegend wohlthätig" seien, soll nach des Autors Ansicht einst die Nachwelt erkennen; wir fühlen uns unsererseits noch außer Stande, diese Ueberzeugung zu theilen. Dagegen stimmen wir ihm aus ganzer Seele bei, wenn er fortfährt: „Dabei aber kann und muß der Staat, wenn er sich nicht selbst aufgeben, und sich gebunden den überwältigenden destructiven Richtungen und Mächten des Zeitalters überliefern will, seinen Character als **christlicher Staat** wahren und retten." Wenn man dem Staate, „wie jetzt häufig geschieht, mit Berufung auf die Freiheit der Wissenschaft," die Zumuthung macht, die christlich socialen Elemente und Principien, durch welche Ehe, Familie, Kindheit, die Grundlagen der bürgerlichen Ordnung befestigt und geweiht werden, den Angriffen der „Wissenden" und ihren zersetzenden Doctrinen preiszugeben: „so ist das gerade, als wenn man einem Baume sagte, er müsse die Wurzeln zerstören lassen, aus denen er bisher Saft und Leben gesogen; er werde aber noch fortexistiren" (S. 93).

Aehnlich wie mit der Religionsfreiheit verhält es sich mit der **bürgerlichen Freiheit.** Der kürzlich verstorbene Berliner Professor Stahl und andere Koryphäen des Protestantismus vindiciren diesem die Erzielung einer weit größeren politischen Freiheit, als sie auf katholischem Boden je möglich sei [1]. Döllinger hat das aus der Geschichte Scandinaviens, Deutschlands, Schottlands, Englands und der Niederlande trefflich widerlegt. Als Ergebniß seiner historischen Erwägungen spricht er (S. 155, 156) aus, „daß die Reformation überall, wo eine einheitliche Staatskirche aus ihrem Processe hervorging, nachtheilig auf die bürgerliche Freiheit gewirkt, und daß diese Staaten im sechzehnten und siebenzehnten Jahrhundert Rückschritte auf der politischen Bahn gemacht haben; daß nur da, wo der Protestantismus in Form einer Staatskirche nicht zur Alleinherrschaft gelangte, wo vielmehr ein beträchtlicher Theil der Bevölkerung katholisch blieb, ein anderer getrennte kirchliche Genossenschaften bildete, aus den dadurch erzeugten Reibungen und Beschränkungen ein größeres Maaß staatsbürgerlicher Freiheit hervorging."

Zur gründlichen Würdigung der immensen Bedeutung des

---

[1] Vgl. die Schriften: Der Protestantismus als politisches Prinzip von Dr. J. Stahl. In drei Sendschreiben widerlegt von Carl Nik. Gustav Rintel. — Ders. nach den Prinzipien gewürdigt von Dr. J. H. Reinkens. Breslau bei G. Ph. Aderholz. 1853.

Papstthums folgt bei Döllinger eine Rundschau über die Kirchen, die sich desselben entäußert und ihre Verfassung so eingerichtet haben, daß für einen Primat kein Raum mehr sich findet. Nachdem er die verrotteten Zustände des byzantinischen Patriarchates geschildert, der analogen im Königreich Griechenland gedacht, die russischen Kirchenverhältnisse einer Prüfung unterzogen, geht er zu den verschiedenen Formen und Denominationen des Protestantismus über, mit der den orientalischen Gemeinschaften am nächsten stehenden Episcopalkirche von England beginnend. Dieser durch und durch verweltlichten Kirche der Aristokratie mit ihren monströsen Abnormitäten steht eine fast unübersehbare Phalanx von Dissenters gegenüber, die das traurige Bild religiöser Zerfahrenheit, das jene mit ihren Schulen und Parteien schon an sich bildet, noch beträchtlich erhöhen. Nicht günstiger steht es mit den protestantischen Parteien in Schottland und Holland, während auch in Frankreich trotz des durch die Verhältnisse einer überallhin zerstreuten Minorität zur Nothwendigkeit gemachten engeren Zusammenwirkens die innere Uneinigkeit derselben klar zu Tage tritt. Die Lage der Schweizerischen protestantischen Kirche ist schlimmer als die anderer Länder (S. 306), der Zersetzungsproceß hat hier die größten Fortschritte gemacht. Die religiösen Zustände Nordamerika's und Scandinaviens können aber fast noch weniger erfreulich sein.

Mit noch weit größerer Ausführlichkeit werden die deutschen protestantischen Landeskirchen besprochen. Es entrollt sich hier ein höchst düsteres Gemälde, dessen einzelne Züge aber ebenso wie bei den früheren Darstellungen vorzugsweise aus Zeugnissen protestantischer Autoren entnommen sind. Fast fürchtete der Verfasser, wie er in der Vorrede (S. XX, XXI) zu erkennen gibt, hier schwer zu verletzen, wozu ihm jede Absicht völlig fern lag. Indessen hat doch die protestantische Presse[1]) mit nicht geringer Genugthuung hervorgehoben, daß Döllinger der Reformation wie ihrem vorzüglichsten Träger, Luther, sehr anerkennend

---

1) Vgl. z. B. Augsb. Allgem. Zeitung 5. Nov. 1861. Beil.

gegenübersteht, daß er, der wie kaum ein anderer unserer Zeitgenossen einst die sittlichen Blößen und großen Charakterschwächen des Helden von Wittenberg hervorgehoben¹), jetzt (S. 386, 387) denselben den „größten unter den Deutschen seines Zeitalters" nennt und eher in der Weise des Panegyrikers als des nüchternen Historikers fortfährt: „Vor der Ueberlegenheit und schöpferischen Energie dieses Geistes bog damals der aufstrebende, thatkräftige Theil der Nation demuthsvoll und gläubig die Knie. In ihm, in dieser Verbindung von Kraft und Geist, erkannten sie ihren Meister, von seinen Gedanken lebten sie; er erschien ihnen als der Heros, in welchem die Nation mit allen ihren Eigenthümlichkeiten sich verkörpert habe. Sie bewunderten ihn, sie gaben sich ihm hin, weil sie in ihm ihr potenzirtes Selbst zu erkennen glaubten, weil es ihre innersten Empfindungen waren, denen sie, nur klarer, beredter, kraftvoller ausgedrückt, als sie es vermocht hätten, in seinen Schriften begegneten. So ist Luthers Name für Deutschland nicht mehr bloß der eines ausgezeichneten Mannes, er ist der Kern einer Periode des nationalen Lebens, das Centrum eines neuen Ideenkreises, der kürzeste Ausdruck jener religiösen und ethischen Anschauungsweise, in welcher der deutsche Geist sich bewegte, deren mächtigem Einflusse auch die, welche sie bekämpften, sich nicht ganz zu entziehen vermochten."

Leider ist dieser Einfluß nur zu begründet und es ist auch nicht schlechthin unwahr, wenn es weiter heißt: „Obgleich das protestantische Deutschland die etwas kleinere Hälfte der Nation bildet, ist diese kleinere Hälfte doch politisch und geistig die stärkere." Wohl hat sich dieses Mißverhältniß auf geistigem Gebiete in den letzten Decennien bedeutend verringert, aber es besteht noch immer fort, namentlich in der Literatur. Es liegt aber keineswegs, was auch Döllinger annimmt, in einer Schwäche

---

1) Vgl. die Reformation, ihre Entwickelung und ihre Wirkungen im Umfange des lutherischen Bekenntnisses. Von J Döllinger. Regensburg 1846—1848. Verlag von J. Manz. — Luther. Eine Skizze. Freiburg bei Herder.

des Katholicismus, es liegt vielmehr in äußeren, langsam erst zu überwindenden Verhältnissen. Es liegt in der langjährigen Bevormundung, die auch in katholischen Gebieten von einer größtentheils protestantischen und confessionell eifersüchtigen Beamtenwelt (S. 688) geführt ward, es liegt in der Einziehung und Vernichtung so vieler katholischen Institute und Bildungsanstalten, für die so lange kein irgendwie genügender Ersatz gefunden werden konnte; es liegt in der Schlaffheit, Trägheit und Lauheit so vieler Namenkatholiken, die in sorgloser Verblendung so oft Verräther an ihrer Kirche, so oft die Beförderer aller ihr feindlichen Tendenzen geworden sind; es liegt in der arglosen Hingabe vieler Gläubigen an die ihnen imponirende und schlauberechnete Tagsliteratur, die sie ihren heiligsten Pflichten entfremdet, in der Schüchternheit der durch Mangel an Aufmunterung so lange darniedergehaltenen katholischen Talente, die das Feld den Gegnern völlig überlassen zu müssen schienen.

Doch in der That hat Luther's Geist längst seine Macht verloren. Die glänzendsten Erzeugnisse der Literatur sind nicht Erzeugnisse lutherischer Orthodoxie, diese hat mit ihnen gar nichts zu schaffen; sie sind meist aus dem völligen Abfall vom Christenthum hervorgegangen, Luther's Einwirkung auf sie war eine sehr entfernte und gerade die Theologie vollbrachte hier das Zerstörungswerk an den eigenen Grundlagen. Sodann sind die Zustände, die aus dem Werk „ächt deutschen Geistes" hervorgegangen sind, nicht von der Art, daß sie den Neid der „geistig schwächeren" Majorität zu erregen im Stande wären. Seit der 1817 in Preußen begonnenen Union ist die Verwirrung noch viel größer geworden, in Verfassung, Cultus, Disciplin, kurz in allen Hauptmomenten des kirchlichen Lebens zeigt sich trotz der gewaltigsten, eines besseren Erfolges, aber auch einer besseren Sache würdigen Anstrengung die größte Zersplitterung und der ärgste Verfall.

Bei allen wahren und vermeintlichen Fortschritten sind also die Kirchen ohne Papstthum tief gesunken und tragen den schweren Fluch der Zerreißung und Vernichtung des schützenden und erhebenden Bandes der kirchlichen Einheit. Vielen derselben ist die

Confessionslosigkeit so zur anderen Natur geworden, daß zuletzt ihre ganze Religion in der Verabscheuung des Papstthums besteht, wie Lord Clarendon schon 1660 von den Schotten sagt (S. 277), während Stahl auch den gesammten Protestantismus als einen „beständigen Ausfall, ein äußerstes Anspannen aller Sehnen und Muskeln gegen Rom" bezeichnet (S. 487). Wenn auch billiger denkende Protestanten sich nach der Herstellung der Einheit sehnen, die Dinge liegen so, daß eine massenhafte Vereinigung der Protestanten mit der katholischen Kirche in der nächsten Zukunft nicht zu erwarten steht. Bezüglich der Erfurter Conferenz und der daran sich knüpfenden Hoffnungen hat sich Döllinger in der Vorrede (S. XXI ff.) ausführlich ausgesprochen. So wehe es thun mag, daß jetzt noch keine Einigung zu hoffen, obschon das wichtigste Dogma, um besstentwillen man sich getrennt, das von der Rechtfertigung aus dem bloßen Glauben, von der protestantischen Wissenschaft aufgegeben, durch die Exegese der biblischen Begründung entkleidet ist: so müssen wir doch für jetzt einer weiteren Entwicklung der Dinge und fernerer Ereignisse harren, durch die der Herr, wann es ihm gefällt, die getrennten Brüder zurückführen und Einen Schafstall unter Einem Hirten bilden wird.

Wenn Döllinger neben der Absicht, die Situation der Gegenwart in kirchlicher Beziehung klar zu machen, noch einen anderen verfolgt hat, so war er der ganzen Haltung dieser Erörterung gemäß ein apologetischer bezüglich der Bedeutung des Papstthums, ein irenischer bezüglich der Wiedervereinigung der vom Centrum der Einheit Geschiedenen. Wir unsererseits hätten bei der hohen Bedeutung des Gegenstandes, über den so viel Treffliches und Anziehendes hier gesagt wird, diese Rundschau trotz des vom Verfasser (S. XIX f., S. 156) Bemerkten lieber in einem selbstständigen Werke ausgeführt, als zur Einleitung und gleichsam zum Rahmen für eine durch die verschiedenartigen Berichte und Urtheile der Tagespresse zunächst hervorgerufene Erörterung einer Frage der Gegenwart verwendet gesehen — einer Frage, die eben nur darum eine so brennende werden

konnte, weil die universale Bedeutung des Papstthums als Welt=
macht bereits allenthalben vorausgesetzt und mehr oder weniger
entschieden anerkannt worden ist. Geistig hochstehende Prote=
stanten wie Guizot[1]) haben sie wohl herausgefühlt und ge=
würdigt; dem rohen Vulgus wird sie ein unbekanntes Land auch
ferner sein. Indessen erkennen wir gerne an, daß der berühmte
Gelehrte immerhin gute Gründe — und bessere als die einer
captatio benevolentiae für „optimistisch" gesinnte Katholiken —
hatte, diesen ersten Theil vorauszusenden und nehmen gerne das
Mehr auf, wo wir ein Weniger erwartet. Durch den grellen
Contrast der haupt= und grundsatzlosen Zersplitterung der akatho=
lischen Christenheit hat er uns die hohe Bedeutung des päpstlichen
Stuhles noch lebendiger zu veranschaulichen gesucht; aber das
Alles soll ihm zugleich den Weg bahnen, die Schatten, die Ge=
brechen des Papstthums auf einer anderen Seite zu schildern, auf
Seite seiner weltlichen Herrschaft. „Auf kirchlichem Gebiete ist
der päpstliche Stuhl gegenwärtig so stark, so sicher und frei
waltend, als er es nur jemals war. Die Gefahren und Be=
drängnisse liegen für ihn in den weltlichen Dingen, in der Lage
Italiens, dem Besitze des Kirchenstaates" (S. 35). Er
sagt gleichsam den Akatholischen, den Gegnern der Kirche: Ihr
haltet uns den traurigen Zustand des päpstlichen Staates ent=
gegen, aber Ihr wisset nicht, was das Papstthum zu leisten ver=
mag; sind dort die bürgerlichen Verhältnisse in schlimmer Ver=
fassung, so sind es bei Euch im stärksten Maße die religiösen.
Wir geben Eurem Tadel die päpstliche Regierung Preis, aber
wir verlangen Achtung des Katholicismus, und seines segenreich
wirkenden Primates. Wir erkennen viele Euerer Principien als
die richtigen im politischen Leben an und tadeln Diejenigen, die
sich ihnen widersetzen, für die Religion aber fordern wir die An=
erkennung dessen von Euch, was laut der Geschichte nicht ver=
kannt werden kann.

---

[1]) L'église et la société chretienne en 1861. (Paris und Leipzig,
Brockhaus.)

Die ganze Erörterung dieses ersten Theils ist ohne allen Zweifel äußerst instructiv, besonders für den katholischen Publicisten, sie zeigt eine große Belesenheit in der protestantischen Literatur, sie gibt auch eine herrliche Beweisführung für die Nothwendigkeit eines Oberhauptes der Kirche. Aber die Frage erhebt sich dennoch: Muß die zeitliche Regierung des heiligen Stuhles so sehr gebrandmarkt, so hart angeklagt, so entschieden verurtheilt werden, um die heutige liberale Welt, um die Königin der öffentlichen Meinung mit den religiösen Ansprüchen des Papstthums einigermaßen zu versöhnen? Müssen wir Katholiken wirklich eingestehen: Niemand hat auf weltlichem Gebiet so schlecht regiert wie die Päpste, nirgends sind die socialen Zustände so verrottet wie im Kirchenstaat? Ist jede Apologie für die bisherige Regierung desselben schlechterdings unmöglich?

Das ist die Frage, zu deren Beantwortung wir jetzt überübergehen.

III.
Die Mißregierung im Kirchenstaate.

Im zweiten Theile seines Werkes gibt uns Döllinger einen Abriß der Geschichte des Kirchenstaates von den frühesten Zeiten an bis herab zur Gegenwart. Er verweilt hauptsächlich bei den verschiedenen Mißständen, die theils schon in den letzten Jahrhunderten, theils erst nach der Restauration von 1814 hervorgetreten sind, und zeichnet insbesondere mit düsteren Farben die Zustände unter dem fünfzehnjährigen Pontificate Gregor's XVI. Von den meisten Päpsten der Neuzeit spricht er aus, daß sie in der Kirchenregierung ausgezeichnet waren, für die weltliche Herrschaft aber nichts als ihren guten Willen an den Tag gelegt haben.

Wir sind nun weit davon entfernt, irgendwie in Abrede zu stellen, daß im päpstlichen Staate viele und nicht geringe Mißstände sich vorfanden, und wir wissen recht gut, daß sie die Regierung selber, auch schon vor Pius IX., in's Auge gefaßt hat. Allein wir wissen auch, daß manche derselben nicht in der Ausdehnung, nicht in dem Maße vorhanden sind, als die vorliegende Darstellung glauben machen könnte; wir wissen auch, daß viele derselben auch in anderen, nicht von Geistlichen regierten Staaten, zum Theil in noch weit stärkerem Maße, an den Tag getreten sind, wie zum Beispiel die Bewegung des Volkes im Kirchenstaate stets eine viel freiere als in Neapel war [1]), daß ein Theil derselben im Character der verschiedenen Bevölkerungsschichten und des gesammten Volkes begründet ist, an dem, wie Döllinger (S. 611) richtig hervorhebt, auch die Regierenden mehr oder weniger participiren, daß ein anderer Theil derselben kaum zu beseitigen war, so lange Metternich's System in ganz Italien herrschte, das zumal in Rom großen Einfluß übte (S. 618), so lange erklärte Feinde oder verdächtige Freunde des römischen Stuhles die einzigen waren, die eine gänzliche Umgestaltung der inneren Politik, und das nicht immer in der geziemenden Weise, verlangten, so lange die durch hundertfache Erfahrung gestützte Besorgniß nicht aufgegeben ward, es werde jede Concession an die Liberalen nur den Umsturzzwecken den Weg ebnen.

Zunächst aber glauben wir, daß viele dieser Uebelstände mit zu grellen Farben dargestellt, von einzelnen Vorkommnissen zu leicht allgemeine Schlüsse gemacht, den landläufigen Schilderungen der Parteimänner zu viel Glauben beigemessen und gar manches Moment in der Behandlung der Einzelheiten außer Acht gelassen wird, das sonst im Allgemeinen vollkommen anerkannt worden war.

In der That hat der gelehrte Verfasser die Regierungsepoche Gregors XVI. nicht aus eigener Anschauung und persönlicher Erfahrung, sondern nur nach Zeugnissen Anderer schildern können. Wer sind aber diese Zeugen und Gewährsmänner? Gerade für die wichtigsten Angaben keine anderen, als erklärte Revolutionäre und Todfeinde des päpstlichen Roms: Farini, Gualterio, Gennarelli, Tommaseo, die Mitarbeiter der Turiner Rivista

---

1) Vgl. z. B. Allgem. Zeitung 29. März 1860. Beil.

contemporanea u. f. f. Namentlich ist Farini in diesem Theil des Buches (S. 550, 553, 561, 569, 570) ganz wie bei Reuchlin [1]) wohl eine der Hauptquellen gewesen, nur mit mehr Discretion und Mäßigung gebraucht. Zwar wird uns (S. 584) versichert, Farini's Werk werde in Rom selbst als in den Thatsachen genau und glaubwürdig bezeichnet. Man könnte fragen: Von wem und in welchen Thatsachen? (man konnte auch ganz andere Urtheile vernehmen); aber wenn auch die meisten Thatsachen richtig sind, so sind sehr viele durch malitiöse Reticenzen von wesentlichen Umständen in einer Weise alterirt, daß sie in einem ganz anderen Lichte erscheinen. Der Wahrheitsliebe Farini's, eines alten Conspirators und Mitgliedes der giovane Italia [2]), haben seine ehemaligen, öfter von ihm verrathenen Genossen, wie der berühmte Joseph Montanelli und der ehemalige päpstliche Zollinspector, jetzige Oberst Luigi Pianciani [3]), kein sehr glänzendes Zeugniß ausgestellt; sie schildern ihn als leidenschaftlich, bissig, treulos. Völlig unbefangene Männer, wie Herr von Reumont [4]), bezeichnen seine Geschichte des Kirchenstaates als „interessant, aber parteigefärbt und keineswegs überall aufrichtig." Seinen Haß gegen Gregor XVI., unter dem der ehemalige Arzt von Ravenna besonders 1843 schwer comprimitirt war, trägt er ziemlich offen zur Schau und sicher hat er die Verhandlungen über das Programm des Ministeriums Mamiani durchaus unwahr dargestellt [5]). Wenn darauf ein Gewicht gelegt werden will, daß der in Staatssachen bisweilen consultirte (S. 557. N. 1.) Abate Coppi ausgedehnten Gebrauch von

---

1) Geschichte Italiens. I. S. 105 ff. 219 ff. 281—287.
2) Predari: I primi vagiti p. 137 sqq.
3) Voce del deserto 10. Okt. 1851. — Dell' andamento delle cose in Italia. Rivelazioni, Memorie e Riflessioni del colonnello Pianciani. Milano 1860. p. 18.
4) Besprechung von Coppi's Annalen zum Jahre 1848 in Sybels historischer Zeitschrift. 1861. Erstes Heft. S. 101.
5) Reuchlin, Geschichte Italiens. II, 2. S. 20. 21. und Note. Reumont a. a. O. S. 107.

Farini's Werk gemacht habe, so ist dagegen zu erinnern, daß der fleißige Fortsetzer der Annalen Muratori's, der oft die Vorarbeiten Anderer minder umsichtig benützt, gleichwohl in manchen Puncten Farini's Darstellung verlassen und berichtigt, übrigens mehrfache Mißbilligung auch in Rom trotz seines sehr gemessenen und stets geachteten Verfahrens sich zugezogen hat. Gennarelli, der sich 1849 bei der Revolution betheiligt hatte, aber dessenungeachtet bis zum Januar 1852 unbelästigt in Rom verblieben war, bis ihn ganz andere als politische Gründe zur Auswanderung nöthigten[1]), Gualterio, bald nach der Septemberinvasion von 1860 piemontesischer Proconsul in Umbrien, der sich in den Annexionskünsten so sehr erfahren bewies[2]), — alle die Fanatiker der italienischen Einheit und Bannerträger der piemontesischen Politik, — sie theilen mehr oder weniger denselben Standpunct[3]).

Wie viele Unwahrheiten und Entstellungen die meisten Autoren sich haben zu Schulden kommen lassen, wie viele Mystificationen sie verursacht oder veranlaßt haben, kann kaum einem

---

1) Vgl. auch Allg. Zeitung 6. Dec. 1860.

2) Nach dem Giornale di Roma Nr. 121. verbreitet Gualterio ein Journal Italia e Roma mit der falschen Bezeichnung des Druckorts und der Druckerei: Roma, tipografia nazionale, während im Turiner Diritto vom 21. Mai 1861 deutlich zu lesen ist, daß das piemontesische Blatt in Perugia unter den Auspicien und der unmittelbaren Leitung des Hrn. Marchese Gualterio herausgegeben wird. So wird „Roms" öffentliche Meinung fabricirt.

3) Kaum wird eine andere Klage so oft gehört, als die über schlechte und mangelhafte Gesetzgebung. Und doch haben sich immer mehr Stimmen zu Gunsten derselben erhoben (vgl. Allg. Zeitung 6. Mai 1860), und doch haben in der Turiner Kammer am 18. October v. J. mehrere Romagnolen wie Zanoli, Regnoli sich dahin ausgesprochen, daß die päpstlichen, noch vor Pius IX. gegebenen Gesetzbücher besser seien, als die piemontesischen. (Atti ufiziali della Camera de' Deputati 1860, Nr. 166. 167.) Nach einer Correspondenz aus Ancona (Allg. Zeitung 16. März 1861. Beil.) dachte man dort sogar daran, eine Deputation nach Turin zu senden, um die Wiedereinführung der alten Gesetzbücher zu erwirken.

Zweifel unterliegen und wäre leicht an Beispielen zu zeigen. Wir lesen unter Anderem bei D ö l l i n g e r (S. 587): „Es gab kaum ein Land in Europa, wo eine so bodenlose Willkühr im Finanzgebiete herrschte. Namentlich wurde der Tesoriere T o st i als Muster eines schlechten Finanzministers betrachtet. Als G a l l i im Jahre 1848 dieses Ministerium antrat, erklärte er in einem officiellen Berichte: für das Vergangene könne er nicht die geringste Verantwortlichkeit übernehmen, da viele Rechnungen nicht festgestellt seien, eine Menge von Belegen mangelten, die Ausgabenverzeichnisse zum Theil nicht aufgefunden werden könnten, und die vorhandenen, im Allgemeinen mit Aenderungen, Zusätzen und Abzügen, die jede Beglaubigung derselben unmöglich machten, überladen seien." Das Buch von Aguirre[1]), nach dem dieses erzählt wird, steht uns im Augenblick nicht zu Gebote; die Erzählung aber ist sicher falsch. Denn im Jahre 1848 finden wir keinen Finanzminister Galli. Den Monsignore Morichini (den eher als den Cardinal Tosti die Schuld treffen würde) finden wir noch im Märzministerium von 1848; es folgte ihm in der Verwaltung des Schatzes Fürst Simonetti nach, diesem J. Lunati, der im Cabinet Mamiani's war und nachdem Rossi auch dieses Portefeuille verwaltet, wieder in das Novemberministerium eintrat. Dagegen wurde 1849 nach der Restauration Pius IX. auf Empfehlung des Grafen von Rayneval der eben jetzt von dem Exprälaten Liverani übel mitgenommene Herr Galli zum Prominister der Finanzen ernannt, welches Amt er bis zum Jahre 1854 bekleidete, wo ihm der jetzige anerkannt tüchtige Tesoriere Monsignore Ferrari succedirte. Wenn daher der päpstliche Finanzminister Galli beim Antritte seines Amtes eine derartige Erklärung abgegeben hat: so that er es Angesichts der allerdings nicht angenehmen Verlassenschaft der Mazzini'schen Republik, keinesfalls aber bezüglich der Verwaltung unter Gregor XVI. und Cardinal Tosti.

Aber — so wird man uns entgegnen — mehrere der genann-

---

1) L'Italie après Villafranca 1859. p. 141.

ten Autoren, besonders Gualterio und Gennarelli, theilen nicht leicht anfechtbare Documente mit, auf die sich auch manche der gefällten Urtheile stützen. Wir dagegen glauben, daß nach Wegrechnung der bloß durch Mißdeutungen und falsche Interpretationen der Herausgeber zum Nachtheil der päpstlichen Regierung brauchbaren Urkunden, sowie nach Ausscheidung desjenigen, was nur die noch keineswegs völlig durchgeführte Beseitigung mittelalterlicher Zustände und das Beharren bei den früheren Anschauungen des altkatholischen Staates erhärten kann, sich kaum ein anderes gewichtiges Gravamen ergeben wird, das über das Maß der auch anderwärts und in den civilisirtesten Staaten vorkommenden menschlichen Unvollkommenheiten, Gebrechen und Mißbräuche hinausginge, was besonders auch die Beamten betrifft, von denen haarsträubende Mißbräuche auch in England nicht selten vorkommen [1]). Ueberhaupt hätten die Engländer, die am allerwenigsten die eigenen Balken sehen [2]), nicht diese Classe von Mißständen so scharf zu betonen und ihr Urtheil über Rom hat mit wenigen ehrenvollen Ausnahmen im Ganzen sehr selten sich vorurtheilsfrei gezeigt [3]).

---

1) Vgl. Allg. Zeitung 17. Nov. 1860. — Der Aemterverkauf, der in Rom schon 1693 abgestellt ward (D. S. 534.) hat sich in England viel länger und was die Offiziersstellen betrifft, bis in die neueste Zeit erhalten.

2) In einem ganz kurzen Zeitraum hatten uns die Zeitungen eine Menge von Standalen aus den drei vereinigten Königreichen zu melden, wovon das Verfahren Lord Plunkett's allein schon empörend genug ist. Vgl. Allg. Zeitung 22. 26. Mai, 30. Juni, 4. 6. Juli 1861.

3) Wenn wir auch Hrn. Lyons Charakter anerkennen und gern zugeben, daß er nicht absichtlich entstellt, so ist doch das Mißtrauen der Katholiken gegen die englischen Diplomaten in Italien im Allgemeinen nur zu sehr gerechtfertigt und hat in einem Berichte Odo Russel's im Blaubuch von 1860 (vergleiche Allgemeine Zeitung 28. Mai 1861. Beilage.) eine neue Bestätigung gefunden. Daß man die Berufung Döllinger's auf englische Diplomaten übel deutete, hatte nicht seinen Grund in der Anführung des Zeugnisses Lyons in der Reformfrage (S. XIX), sondern darin, daß man in den früheren Berich-

Was nun die Kategorie von Documenten angeht, welche weltliche Strafen für Uebertretung kirchlicher Gebote verhängen, und mehr oder weniger auf den alten Satz zurückführen, daß die materielle Macht des Staates der geistlichen Beistand leisten und ihren Zwecken dienen soll, so muß wohl berücksichtigt werden, daß diese Anschauung, die des tief religiösen Mittelalters, wie sie allerdings nicht mehr in dem modernen Staate, wie er jetzt ist, geltend gemacht werden kann, im Kirchenstaate nicht ohne specielle Berechtigung zur Ausführung gekommen und mit allen seinen Institutionen auf das innigste verwachsen war; daß ferner in einem ganz katholischen Lande bei einer ganz katholischen Bevölkerung das dem tief religiös gesinnten Theile der Bevölkerung in der Verletzung kirchlicher Vorschriften, zumal wenn sie öffentlich und notorisch war, gegebene Aergerniß und schlimme Beispiel auch als eine Verletzung der bürgerlichen Ordnung betrachtet werden kann; daß sodann die darauf beruhenden Gesetze auch, weil noch nicht aufgehoben, sondern nur nach und nach gemildert, von den kirchlichen und weltlichen Behörden auch in neuerer Zeit vielfach eingeschärft wurden; daß endlich eine formelle Abrogation derselben mit vielen Inconvenienzen und Aergernissen, für das religiös gesinnte niedere Volk zumal, verknüpft gewesen wäre. Wenn nun aber auch die den Kirchengesetzen mit den Mitteln des weltlichen Armes geleistete Unterstützung und gesicherte Achtung als ein seinen Zweck nur unvollkommen, bisweilen gar nicht erreichender Mißgriff betrachtet wird: so läßt sich doch, so lange die obersten Regierungsgrundsätze eben jene waren, für die Vollzugsorgane kein specieller Vorwurf aus der Gesetzanwendung erheben. Man müßte den römischen Stuhl nach einer weltlichen, wie nach seiner geistlichen Regierung dafür anklagen, daß er sich

---

ten der Tagsblätter (A. 3. 7. April d. J.) las: „Der Redner glaubt in der ganzen Frage ein competentes Urtheil zu besitzen, da er sich auf wenig benützte, zuverlässige Urkunden stütze, nämlich auf die Gesandtschaftsberichte des englischen Geschäftsträgers in Rom, und auf die Denkschrift Rayneval's." Die Einleitung, aus der diese Stelle entnommen sein sollte, ist in der neuen Schrift nicht mit abgedruckt.

stets allen neuen Ideen im politischen Leben gegenüber so zurückhaltend und vorsichtig oder auch so wenig geneigt erwiesen, daß er den europäischen Liberalismus so kalt und mißtrauisch betrachtet, wozu er freilich um so mehr Grund hatte, als derselbe in Frankreich, Spanien, Portugal, Italien und der Schweiz, osiwe in einem nicht unbeträchtlichen Theile Deutschlands dem Katholicismus feindselig entgegentrat und auch viele seiner gemäßigten Vertreter durch Unbesonnenheit, Schwanken und Zagen dem Radicalismus die größten Dienste leisteten, die glänzendsten Triumphe bereiteten. Aus Gregors XVI. Erlassen kann man diese Stimmung, zu fester Ueberzeugung gestaltet, deutlich hervorblicken sehen [1]).

Unter den speciellen Klagen gegen das seitherige päpstliche Regime finden wir hauptsächlich einmal die vielseitig als Schwäche betrachtete zu große Milde, dann den gleichwohl herrschenden Absolutismus, die seit Consalvi in das Leben getretene Centralisation, die confuse und schlechte Gesetzgebung, die zu großen Privilegien des Klerus, die Verkommenheit einzelner Geistlichen, obschon im Allgemeinen der Klerus als sittlich tadellos anerkannt ist (S. 585), den Ausschluß des Volkes von den öffentlichen Angelegenheiten, die Willkühr der Polizei, die strenge Censur, die übel verwalteten Finanzen oder doch deren höchst ungünstiger Stand, die Confusion des Bürgerlichen und Geistlichen, die durch das Alles verursachte Mißstimmung der Bevölkerung. Wir wollen keineswegs alle diese Puncte hier näher untersuchen, was schon oft und von Vielen geschehen ist, ohne daß die apologetischen Arbeiten, z. B. von Maguire genügend widerlegt worden wären. Nur bei einigen der wichtigeren sei es um so eher gestattet zu verweilen, als die uns vorliegende Schrift zu einer milderen Beurtheilung Anhaltspuncte in hinreichender Anzahl dargeboten hat.

---

1) Man vergleiche z. B. die Encyclika vom 15. August 1832, wo es unter Anderem heißt: Freno religionis sanctissimae projecto, perquam unam regna consistunt dominatusque vis ac robur firmatur, conspicimus ordinis publici exitium, labem principatus, omnisque legitimae potestatis conversionem invalescere.

Die Milde der päpstlichen Regierung (S. 544, 545) war so ziemlich in allen Zeiten anerkannt. Vieles blieb in diesem merkwürdigen Staate ungebessert und ungeordnet, weil nur ein gewaltthätiger Act es anders gestalten konnte. Die Päpste wollten in vielen Fällen nicht mit Gewalt einschreiten, sondern mehr durch Ueberzeugung und Belehrung auf die Beseitigung von Mißständen hinwirken. Sie achteten die individuelle Freiheit so hoch, daß sie auch manchen Uebergriff tolerirten, so lange er nicht direct den sittlichen und kirchlichen Gesetzen entgegen trat. Politische Verbrechen strafte man früher strenger, weil man Nachsicht gegen sie für ein Verbrechen gegen treue Unterthanen hielt, und wenn die von Gregor XVI. ertheilte Amnestie Beschränkungen enthielt, während der Act vom 16. Juli 1846 selbst die kühnsten Erwartungen übertraf, so hat sicher das 1849 beobachtete Verfahren die richtige Mitte getroffen [1]. Wenn nun gleichwohl über Absolutismus geklagt wird, so hat doch dieser mehr dem Scheine als der Wirklichkeit, mehr der Theorie als der Praxis nach existirt (S. 546). Zwar wurde Eugen's IV. Statut (S. 519, 529), das die Regierung des Staates zu einer überwiegend aristokratischen machte, wieder aufgehoben und die Consistorien verloren in vielen Pontificaten ihre Bedeutung; doch wurden die Cardinäle bei allen wichtigeren Angelegenheiten befragt, zumal seit Pius VI. und Pius VII., und übten sowohl als Protectoren einzelner Städte und Provinzen wie als Vorstände und Mitglieder der Congregationen einen sehr weit reichenden Einfluß, während die alte Tradition und der herrschende Brauch der Curie der Ausübung der Gewalt immer feste Grenzen zogen. Die Centralisation des Staates hatte schon frühe ihren Anfang genommen; denn die Tendenz, die staatlichen Bande enger zu knüpfen und das Ganze gleichförmiger zu machen, lag in der ganzen Richtung des sechzehnten und siebenzehnten Jahr-

---

[1] Decret der Regierungscommission vom 24. Sept. 1849. — Atti del Sommo Pontefice Pio IX. Roma 1857. Parte II. vol. I. p. 293. bis 298.

hunderts und war im Kirchenstaate um so näher liegend, als das alte Factionswesen sich noch immer erhielt und Anlaß zu vielen Verbrechen wurde, gleichwie auch die Empörungen einzelner Städte an dem Verluste der früheren Privilegien die Schuld trugen (S. 522 f.). Die französische Herrschaft hatte nun im Anfange unseres Jahrhunderts diese Centralisation noch weiter ausgeführt, und als Cardinal Consalvi in dem Motuproprio vom 6. Juli 1816 die nun hergestellte Einheit und Gleichförmigkeit als etwas für den Staat Vortheilhaftes pries, da stand er eben auf dem Boden der Staatsmänner seiner Zeit, die in dieser sogenannten Reactionsperiode auch in Deutschland nicht anders dachten, hatte aber auch vor sich die immense Schwierigkeit, die „hierarchisch-mittelalterlichen Einrichtungen," die nicht ganz über Bord geworfen werden konnten, mit den französisch-modernen zu vermitteln und zu versöhnen, während keines der beiden Elemente stark genug war, das andere auszustoßen (S. XVI) — eine Schwierigkeit, wie sie kein damaliger Staatsmann in höherem Maße zu besiegen hatte[1]. Resuscitation veralteter und vielköpfiger Provinzialeigenthümlichkeiten wäre ihm damals zum größten Vorwurf gemacht worden. Auch die Einleitung zu der Märzconstitution von 1848 sagt: „Ehemals hatten unsere Gemeinden das Vorrecht, sich mit selbstgewählten, vom Souverain sanctionirten Gesetzen zu regieren. Jetzt lassen es sicher die Verhältnisse der modernen Bildung nicht mehr zu, unter denselben Formen eine Anordnung zu erneuern, durch die häufig die Verschiedenheit der Gesetze und Gewohnheiten eine Gemeinde vom Verkehr mit der anderen völlig trennte[2]." Das Edict vom

---

[1] Man darf hierbei auch nicht außer Acht lassen, daß einzelne Einrichtungen Consalvi's sich als zweckmäßig und wohlthätig bewährten (S. 551) und daß das sonst vielgeschmähte Motuproprio von 1816, was seine Bestimmungen über Gerichtsordnung betrifft, von den Vertretern der Großmächte selbst in dem Maimemorandum von 1831 als Ausgangspunkt und Grundlage für die auf diesem Gebiete zu treffenden Verbesserungen betrachtet ward.

[2] Atti di Pio IX. vol. I. p. 222. 223.

24. November 1850¹) gab wieder die Grundlagen einer freieren Municipalverfassung und Rom selbst erhielt am 25. Januar 1851²) wieder seit längerer Zeit eine solche. Wenn nun auch die in jenem Edict zugesicherte Einführung der Wahlen zu den Municipal= und Provinzialräthen noch nicht Statt hatte (S. 619,) so war die Suspension derselben im Jahre 1854 nur eine provisorische Maßregel, hervorgerufen durch feindselige Agitationen die zwei Jahre später noch sich steigerten und so die Ausführung eines Gesetzes hinderten, das sehr wohlthätig hätte wirken können und bis heute noch nicht zurückgenommen worden ist.

Was die priveligirte Stellung des Klerus angeht, so ist sie lange nicht mehr die frühere. Wie die immunitas localis vielfach, auch im Kirchenstaate, beschränkt ward, so wurde die immunitas realis ganz aufgehoben. Die geistlichen und die kirchlichen Institute tragen zu den Staatslasten bei wie die Laien, abgesehen von außerordentlichen Leistungen, wie sie solche im Jahre 1848 bis zu vier Millionen Scudi beizusteuern übernahmen³). Nur die Personalimmunität, von den alten Canonisten⁴) so hoch gehalten und so entschieden vertheidigt, ist in dem befreiten Gerichtsstand aufrecht gehalten und daß dafür alte, wohlerworbene Rechte sowie Rücksichten der Decenz und der Billigkeit sprechen, ist wohl nicht ganz zu verkennen⁵). Die Einrichtung, daß Geistliche manche Verbrechen in Klöstern oder geistlichen Strafanstalten abzubüßen haben, anstatt in den gewöhnlichen, besteht noch mit gutem Grund in vielen anderen Staaten, nicht aus Rücksicht auf die Personen der geistlichen Verbrecher, sondern aus Rücksicht auf ihren Stand und auf den ungünstigen Eindruck, den auf andere Sträflinge, die man zu bessern sucht, die Anwesenheit geistjicher Deliquenten unter ihnen machen könn-

---

1) Ibid. vol. I. p. 672—696.
2) Ibid. vol. II. p. 3—6.
3) Atti di Pio IX. vol. I. p. 248—251.
4) Vgl. z. B. A. Reiffenstuel Jus canon. univ. in lib. III. tit. 49. §. 9. n. 135. 136. L. II. tit. 2. §. 9. n. 193 sqq.
5) S. Roßhirt, Canonisches Recht. S. 319. 320.

ten. Wie man in der alten Kirche dieselben Verbrechen bei Geistlichen mit Suspension bestrafte, die bei Laien mit Excommunication bestraft wurden, so verhängte man auch gegen geistliche Verbrecher mildere weltliche Strafen, nachdem sie schon harte kirchliche getroffen. Uebrigens wurden auch an Geistlichen strenge Strafen vollzogen; Gregor XVI. ließ am 4. October 1843 einen Ordensgeistlichen hinrichten und wo überhaupt die Degradation vorausging, konnte der weltliche Richter seinerseits einschreiten. Die „Gleichheit vor dem Gesetze", die übrigens in vielen cultivirten Staaten, auch in England, in Ansehung der Geldaristokraten nur ein schönes Wort ist und [1]) im Munde vieler Gegner des päpstlichen Regimes reine Phrase wird, ist durch verschiedene Tribunale für Geistliche und Weltliche, soferne die Gesetzgebung auf möglichste Gleichstellung hinarbeitet, an sich noch nicht aufgehoben und verstößt, falls die sonstigen Garantien nicht fehlen, nicht gegen die allgemein anerkannten Rechtsprincipien; sonst dürfte nie für Minister, Pairs, Militärpersonen u. s. f. ein besonderer Gerichtshof bestellt werden.

Doch gehen wir über zu dem „allgemeinen Mißvergnügen" des Volkes. Es gab schon seit Consalvi in dem Kirchenstaate zwei große Parteien: die streng Conservativen, die theils durch Gründe des Interesses, theils durch religiöse Scheu das Rütteln am Bestehenden für gefährlich hielten, jeder Neuerung abhold waren, oft auch sich ihr widersetzten (vergl. S. 565, 566.), und Liberale, die alles Bestehende haßten, in geheimen Gesellschaften sich zum Umsturz der Ordnung organisirten, im Auslande wie im Inlande jeden Schritt der Regierung verdächtigten. Die sogenannten gemäßigten Liberalen waren ein kleines Häuflein, erwiesen in den drei ersten Regierungsjahren Pius' IX., wo sie am meisten wirken konnten, ihre völlige Ohnmacht und dienten nur als Handlanger und Werkzeuge den Mazzinisten. Von den Conservativen war ein sehr großer Theil an sich indolent. apathisch, lau, bedurfte äußerer Anregung, um sein Gewicht in die Wag-

---

1) Vgl. Allg. Zeitung 2. Nov. 1861.

schaſſe zu legen; ein anderer aber war, wo die Möglichkeit gegeben ſchien, energiſch und entſchloſſen, den Gegnern die Spitze zu bieten. Nur mit dieſer Modification erkennen wir als richtig an, was Herr Lyons ſagt: „es gebe nur zwei Gattungen von Menſchen im Lande: 1) entſchiedene principielle Gegner der Regierung, deren Loſung: Kein Prieſterregiment! — Gegner, die ſich durch keine Reform im Einzelnen gewinnen ließen, ſondern vielmehr jedes Zugeſtändniß nur als Waffe gegen die Regierung benützen würden; 2) Indifferente, Laue, Unzuverläßige, die im Momente der Gefahr keine Stütze für die Regierung ſein würden" (S. 610. 611). Denn wären alle nicht zur erſten Klaſſe gehörigen Einwohner ſo indolent und apathiſch, wo wären dann die berühmten Conſiſtorialen und Saufediſten geweſen, die ſo ſehr an die Curie gefeſſelt waren und von denen Farini Wunderdinge erzählt? Wo wären die Gregorianer, vor deren Reaction man 1847 ſo ſehr zittern zu ſollen glaubte? Wo das Landvolk, das ſeit 1859 an mehreren Orten, auch in der Romagna, gegen die ſardiniſchen Befreier wohlgemeinte, aber reſultatloſe Aufſtände¹) gewagt hat? Wenn uns geſagt wird: „Wie die Dinge jetzt liegen, iſt nicht zu hoffen, daß das Volk ſich mit dieſer Form klerikaler Verwaltung aufrichtig verſöhnen, auf die im übrigen Italien beſtehenden Rechte und Einrichtungen verzichten werde" (S. 670. 680.), ſo müßte doch wohl dieſes Volk von demjenigen unterſchieden werden, das die Bereitwilligkeit zu dieſem Verzicht und ſeine Anhänglichkeit an den Papſt als König in den Marken und in Umbrien durch vielfache Proteſte, durch das Widerſtreben gegen die Rekrutirung und die neuen Steuern, durch den entſchiedenen mehrmaligen Aufſtand in der Provinz Ascoli, durch die zahlreich aus den geraubten Provinzen eingeſandten Peterspfennige, durch die eben ſo glänzenden als herzlichen Kundgebungen in Rom, die ſeit den letzten zwei Jahren immer mehr ſich ſteigerten, ſo gut es konnte, an den Tag gelegt hat²).

1) Vgl. Allg. Zeitung 6. 14. 21. Nov. 1859, 23. Feb., 24. März 1860, 28. Febr., 16. März, 2. Juni, 27. Juli 1861.

2) Herr Pope Henneſſey hätte auf Laparts Frage (S. 646) wohl

Wenn es nun wahr ist, was von den verschiedensten Seiten, von Farini, Montanelli, Mazzini, von der Nationalversammlung zu Bologna von 1859, von den englischen Diplomaten, von allen Sachverständigen versichert wird, daß die entschiedene Mehrzahl der Unzufriedenen und Papstfeindlichen, die nach Reformen rufen, nicht diese, sondern den Sturz der Regierung will¹), daß der Maßstab des Werthes einer Reformmaßregel für sie nur deren Brauchbarkeit für den Zweck, das Joch des heiligen Stuhles abzuschütteln, ist (S. 619.), daß keinerlei Reform je dieselben zufrieden stellen kann, schon weil sie vom Papste ausgeht: was sollte da die päpstliche Regierung thun? Sollte sie ihre treuen Anhänger, die Altconservativen, kränken, um ihre wüthenden Feinde nicht zu befriedigen, sondern noch besser zu bewaffnen? Sollte sie zu ihrer Selbstvernichtung beizutragen gehalten sein und was die Selbsterhaltung von ihr fordert, gutmüthig zum Opfer bringen? Wenn aber anerkannt wird, daß das zu fordern Thorheit wäre: warum denn doch jene ewigen

---

manche geistig bedeutende Papalini und abgesehen von denen, die keine Schriften herausgaben, nur die sardinischen Staatsmänner alten Schlags, Marchese Brignole-Sale, Costa della Torre, Solaro della Margarita, Caps, oder den Grafen Johann Karl Connestabile, Archäologen von Perugia, nennen können. Auch die Worte: „Jetzt predigt fast die ganze Literatur, die periodische mit Ausnahme der Armonia in Turin und der Civiltà in Rom, die Lieblingslehre des Tags" (S. 648) bedürfen einer Berichtigung, da viele andere Journale mit diesen die gleichen Tendenzen verfolgten und verfolgen: in Florenz die Stella d'Etruria, in Livorno der Veridico, in Modena der Difensore, in Bologna der Eco, in Genua der Stendardo cattolico, in Turin Campanile Apologista, Piemonte, in Neapel Ape cattolica, Unità cattolica, Esperienza, Flavio Gioja u. s. f. Wohl bestehen mehrere dieser Blätter gegenwärtig nicht mehr, aber selbst ihr temporäres Erscheinen und die Geschichte ihrer Unterdrückung beweisen zur Genüge, daß die päpstliche Gesinnung in Italien doch noch nicht so vollständig in der Tagespresse ohne Vertretung ist und noch sich kundzugeben den Muth hat.

1) Im Jahre 1849 erklärte der „National": „Was auch der Papst thun mag, man wird die Freiheiten, die er verleihen wird, nur annehmen, um ihn über den Haufen zu werfen."

Vorwürfe, daß unter solchen Umständen die geforderten oder in Aussicht gestellten Reformen gar nicht oder nur unvollständig in das Leben getreten sind?

Betrachten wir das näher im Einzelnen. Als das erste und drückendste Problem wird uns (S. 612) das Verhältniß der weltlichen zu den geistlichen Beamten dargestellt und an Klagen hierüber hat es längst nicht mehr gefehlt. Es ist nun aber 1) Thatsache, daß die Zahl der Laienbeamten die der geistlichen bei Weitem übersteigt (S. 671), 1858 nicht viel über hundert geistliche auf mehr als sechs Tausend weltliche Beamten kamen, und daß fast alle niederen Aemter in den Händen von Laien sind. Es kann sich also nur noch um die höheren Stellen handeln. 2) Es ist ferner Thatsache, daß in vielen Staaten Europa's die höchsten Chargen, namentlich im Militär, in der Diplomatie u. s. f. nur den Söhnen des Adels vorbehalten sind, in Rom dagegen der Eintritt in die Prälatur auch dem nicht durch den Adel der Geburt Ausgezeichneten offen steht und überhaupt ungleich leichter zu erlangen ist, als anderwärts die Erhebung in den Adelstand oder die Erlangung eines mit dessen Gliedern regelmäßig besetzten Postens [1]). Es ist 3) Thatsache, daß kein Gesetz im

---

[1]) Es ist dem gelehrten Forscher nicht unbekannt, wie viele talentvolle, aber ganz mittellose Männer durch die Unterstützung von Päpsten, Cardinälen, Fürsten und Prälaten zu der Prälatur, wie viele mittellose Ordensleute zu denselben Würden und Ehrenstellen, auch zum Cardinalate gelangten, wie die Prälatur keineswegs als eine absolut nothwendige Vorbedingung zu den höheren Aemtern angesehen ward. Darum hätten wir auch den Satz (S. 532. 533.), daß durch den seit Alexander VII. geforderten Nachweis eines Einkommens von 1500 Scudi (vgl. Ranke Päpste III. S. 104. 105.) alle Unbemittelten von der durch diesen Stand eröffneten Laufbahn ausgeschlossen waren, gerne modificirt gesehen. Daß man Söhne der reicheren und angeseheneren Familien gern begünstigte, war schon im Interesse der Repräsentation des heiligen Stuhles bei Nuntiaturen und der geringeren Belastung des Landes gelegen. Grimani's Behauptung (S. 536. Nr. 1.) ist sicher einigermaßen übertrieben. In allen Jahrhunderten finden wir Ordensleute zum Carbinalat befördert und der Einfluß der Orden, z. B. der Dominicaner,

Kirchenstaate principiell die Laien von höheren Aemtern aus=
schließt und daß unter Pius IX. vor und nach 1848 mehrere
Laien im Ministerium waren. Es ist aber auch 4) Thatsache, daß
von den älteren Zeiten an (S. 531.) bis auf die Gegenwart
(S. 613. 514.) die Mehrzahl der Bevölkerung lieber Prälaten
als weltliche Gouverneure an der Spitze der Provinzen sah und
deshalb bisweilen besondere Gesuche einreichte. Es ist 5) That=
sache, daß im Allgemeinen die geistlichen Beamten für unbestech=
lich und geschäftsgewandt, die weltlichen für bestechlich, träge,
unwissend galten (S. 558. 559. 573. 611. 615.). Es ist
6) Thatsache, daß, zumal in den letzten Jahren, viele gebildete
Laien theils aus Sektenhaß und aus Verabredung, um nur die päpst=
liche Regierung fortwährend anklagen zu können, theils aus Furcht
vor dem Dolche und den bisweilen verwirklichten Drohungen der
Geheimbündler die Uebernahme von Staats= und Communal=
Aemtern (S. 623. 624.) häufig ablehnten. Was hatte nun im
Angesichte aller dieser Thatsachen die päpstliche Regierung zu
thun, um diese Zustände zu ändern, und was war zu thun, so
lange sie fortbestanden? sollte sie freiwillig abdanken? Sollte
sie die Prälaten sämmtlich entlassen, alle Stellen den weltlichen
Stellenjägern übertragen, woran Italien sich so reich erwiesen
hat, die renitenten Vornehmen in den Städten aber zur Ueber=
nahme der Stellen zwingen? Sicher wäre Uebergabe aller Aem=
ter an Laien die Einleitung zu der demnächstigen Säcularisation
des Papstes selbst (S. 615.). Also konnte sie nur neben Cardi=
nälen und Prälaten auch zuverlässige und taugliche Laien mit
höheren Aemtern betrauen, dadurch die Unterbeamten ermun=
tern und nach und nach beide Classen von Beamten in innigeren
Contact bringen. Dazu hat aber die Regierung Pius IX. be=
reits den Anfang gemacht und wenn ihr ruhigere Zeiten vergönnt

---

war sicher nie gering. Für Gouverneursstellen u. s. f. war aber sicher
der Ordensgeistliche weniger als der Säcularkleriker geeignet. Daß es
mit dem Aufhören des Nepotismus (S. 529.) viel besser geworden ist,
wird durchaus anerkannt. Ueber die englischen Verhältnisse vergleiche
Döllinger S. 192.

gewesen wären, so würde das sicher noch in ausgedehnterem Maße geschehen sein. An sich ist gegen diese Vermehrung der Laienbeamten kein Hinderniß vorhanden, so lange Cardinäle und Prälaten nicht von der Oberleitung, namentlich nicht vom Vorsitz im Ministerium und Staatsrath ausgeschlossen sind. Wir verkennen nicht, daß viele Laien im Staatsdienste durch die geringe Wahrscheinlichkeit eines Avancements (S. 572.) entmuthigt, einige vielleicht sogar demoralisirt worden sind; aber es ist auch gewiß, daß viele Stellen ambitionirten, zu denen sie nicht hinreichend befähigt waren, wie sie namentlich 1847 und 1848 gezeigt hat.

Indessen die sogenannte Laisirung der Verwaltung ist noch nicht der wichtigste Punkt. „Die Säcularisation des päpstlichen Staates," — so schreibt der frühere Pisaner Professor und toskanische Staatsmann Montanelli [1]), — „besteht nicht in der größeren oder geringeren Anzahl von Laienbeamten, sondern in den Gesetzen und in dem Geiste, der sie informirt. Wenn das bürgerliche Gesetz nichts Anderes sanctioniren kann, als was dem kirchlichen conform ist, wenn man bei jeder politischen Maßregel vor Allem auf das sehen muß, was die katholische Universalität erheischt, so wird man in voller Theokratie leben, auch wenn Gesetzgebung und Verwaltung in der Hand der Laien sind." Die moderne Civilisation, die sich nicht um die Vorschriften des Christenthums kümmert, die das bürgerliche Gebiet dermaßen vom religiösen trennen will, daß dieses keinen Einfluß mehr auf jenes üben kann, sie ist es, die Graf Cavour in seinen Reden vom jüngsten März als unverträglich mit der weltlichen Papstherrschaft bezeichnete. Und in der That, so lange der Papst Souverain ist, kann er nie dulden, daß etwas dem Katholicismus Widerstreitendes bürgerliches Gesetz werde; er kann nicht Regent eines atheistischen, religionslosen, indifferentistischen Staates werden, zu dem man das Königreich Italien theils gemacht hat, theils noch zu machen gedenkt. Selbst wenn die Frage der Religionsfreiheit

---

[1] L'Impero, il Papato e la Democrazia. Firenze 1859. p. 30.

praktisch so leicht ihre Lösung fände (D. S. 632 ff.), würde es noch manche, besonders gemischte Materien geben, in denen der Katholicismus mit den Theorien der „regenerirten" Italiener in Conflict geräth, die Civilehe z. B. könnte vom Papste in der beliebten Form nie zugestanden werden¹). Daher hat auch das Fundamentalstatut vom 14. März 1848 schon in der Einleitung die Bestimmung: „Wir sind gesonnen, Unsere Autorität in den Dingen aufrecht zu erhalten, die ihrer Natur nach mit der Religion und der katholischen Moral verknüpft sind. Wir sind das für die Sicherheit der ganzen Christenheit schuldig, daß in dem in dieser neuen Form constituirten Kirchenstaate die Freiheit und die Rechte der Kirche und des heiligen Stuhles keine Schmälerung erleiden und niemals ein Beispiel zur Verletzung der Religion gegeben werde, die Wir der ganzen Welt zu verkündigen die Pflicht und die Sendung haben — als das einzige Symbol des Bundes Gottes mit den Menschen, als einziges Unterpfand jenes himmlischen Segens, durch den die Staaten ihre Lebenskraft, die Nationen ihr glückliches Gedeihen haben." Sodann heißt es in Artikel 36.: „Die Kammern (consigli, Räthe) können niemals ein Gesetz vorschlagen, welches sich 1) auf kirchliche oder gemischte Gegenstände bezieht, oder 2) den Canonen oder der Disciplin der Kirche zuwiderläuft, oder 3) auf Veränderung oder Modification des gegenwärtigen Statuts ausgeht." Art. 37.: „In gemischten Gegenständen können in via consultativa die Kammern befragt werden." Art. 38.: „In beiden Kammern ist jede Discussion verboten, die sich auf die diplomatisch-religiösen Verhand-

---

1) Die Verbrechen gegen die Religion, z. B. die Profanation und Schändung der consecrirten Hostie, jede Art von Sacrilegium läßt der moderne Staat völlig oder beinahe unbestraft, während das Verbrechen gegen die irdische Majestät, der Hochverrath, gewöhnlich strenge bestraft wird. Als die päpstliche Regierungscommission, bestehend aus den Cardinälen della Genga, Vannicelli-Casoni und Altieri, am 23. August 1849 ein Edict erließ, worin eine besondere Commission für die Untersuchung solcher Delicte eingesetzt ward, und das auf Andringen vieler Gläubigen, gerieth der ganze italienische Liberalismus in Aufregung.

lungen des heiligen Stuhles mit dem Auslande bezieht¹). Wenn wir auf die Entstehungsgeschichte dieser eigenthümlichen Constitution Rücksicht nehmen, so scheint es, daß in ihr die Grenzlinien der vom Papste zu ertheilenden Concessionen gezogen werden wollten.

War es nun für Tausende von Katholiken ein tröstlicher Gedanke, daß noch ein Staat in Europa bestand, in dem die bürgerlichen Gesetze niemals den religiösen widersprechen durften, während man anderwärts nicht selten in der oft leichtfertigen Heraufbeschwörung eines solchen Conflicts sogar einen Vorzug und eine Vollkommenheit gesucht hat, so fühlte die irreligiöse Conspiration gerade das als den schwersten Mißstand, als die härteste Beengung. Zur Besserung der Gesinnungen wurden religiöse Mittel angewendet, die aber verhärteten Gemüthern gegenüber völlig fruchtlos blieben. Das Land von antikatholischen Elementen zu säubern, war natürlich Unmöglichkeit, sie in Schranken zu halten und die treuen Unterthanen²) zu schützen, unabweisbare Pflicht. Das Unwesen der geheimen Gesellschaften hatte tief in das Mark des Landes sich eingefressen und die Strenge der Polizei geschärft, die erst durch sie hervorgerufen ward, während vor der französischen Revolution sich nicht leicht Jemand darüber zu beklagen hatte. Ueber den Causalnexus zwischen Polizeistrenge und Sektenwesen (S. 560.) ließe sich wohl etwas ganz Anderes feststellen, als was den Mitgliedern der Geheimbünde der Welt glauben zu

1) Atti del sommo Pontefice Pio IX. Parte II. vol. I. p 223. 224. 231. 232.

2) Die Zahl der „Reactionäre" im Kirchenstaate ist weit größer als man gewöhnlich glaubt; aber die solidesten Bürger sind nicht immer die muthigsten, und den Entschlossenen gehört die Welt. Rechnet man die Familien, deren Interesse durch einzelne Glieder an die Curie gefesselt ist, sodann das Landvolk, das stets der päpstlichen Regierung ergebener war als die Städter, dann die nicht vom Nationalitätsschwindel ergriffenen Geistlichen, die doch auch mit zur Bevölkerung gehören, endlich die aus den entrissenen Provinzen emigrirten, in Rom befindlichen Beamten: so wird nicht so schwer zu berechnen sein, auf welcher Seite die Majorität des Volkes sich findet.

machen gefallen hat, und die unseres Wissens erst nach 1847 verbreitete Mähre von den schon unter Pius VII. gestifteten Sanfedisten hat noch niemals als eine feststehende Thatsache erwiesen werden können. Daß der Trieb nach socialer Thätigkeit und der Unmuth über bestehende Einrichtungen der Carbonaria und dem „jungen Italien" viele Genossen zuführte, ist bekannt; aber ebenso wahr ist es, daß diese Verbindungen häufig die Cloaken der ärgsten Corruption wurden (S. 561.) und daher die strengen Maßregeln gegen dieselben eine Nothwendigkeit waren. Die „Martyrologien" dieser Sekten, von ihren wärmsten Anhängern veröffentlicht [1]), beweisen ebenso deren große Verbreitung als sittliche Verworfenheit. Wenn der Südländer einmal den Haß gegen die von den Vätern ererbte Religion eingesogen hat — und das war die emsigste Sorge der politischen Sekten — dann ist er weit fanatischer, grimmiger, man möchte sagen satanischer, als der erbittertste Religionshasser des Nordens. Solchen Leuten die Religion und die sie unmittelbar berührenden Interessen Preis zu geben, ist für den Papst eine absolute Unmöglichkeit. Die „Confusion des Geistlichen und des Weltlichen" ist für die Meisten ein Schlagwort, um die Unterdrückung der Kirche und die Zerstörung ihres socialen Einflusses herbeizuführen. Im Princip besteht sie nicht; nur in der Person des Regenten sind beide Gewalten vereinigt, sonst in keiner anderen Person; die Organe der einen Gewalt sind nicht zugleich die der anderen. Der Bischof ist nicht Chef der Provinz, es finden sich sogar Conflicte zwischen beiden; der Staatssecretär hat nicht die geistlichen Facultäten des Cardinalvicars; er muß, wenn er die Mitwirkung der Bischöfe zu bestimmten Zwecken will, sie besonders darum ersuchen.

Der Prediger oder Beichtvater ist kein Polizeibeamter oder Richter. Wenn auch mehr Sachen dem kirchlichen Gebiete zugetheilt sind, als anderwärts, so ist dabei doch in der Gesetzgebung die Scheidung beider Gewalten festgehalten und über rein welt-

---

1) *G. Ricciardi*: Martirologio italiano dal 1792 al 1847. Firenze, Le Monnier 1860. — *Vannucci*: I martiri della libertà italiana dal 1794 al 1848 ediz. III. Firenze, Le Monnier 1860.

liche Sachen von Laien entscheidet nicht das geistliche Gericht, außer auf Antrag beider Parteien in früherer Zeit als Schieds= gericht. Das Prälatenkleid ist wohl nichts Wesentliches. Die Bischöfe wirken rein für ihre Diöcesen, sind nicht Minister oder Delegaten (wie in Dänemark Herr Monrad Bischof und Minister ist). Allerdings läßt sich die Trennung von Geistlichen und Weltlichen noch schärfer durchführen, und daß es noch später ge= schehen würde, haben wir nie im Geringsten bezweifelt.

Absolut stabil und unbeweglich war die päpstliche Regierung nie. Es läßt sich nachweisen, daß kein Pontificat ohne alle und jede Verbesserung im öffentlichen Leben verlief, selbst die am mei= sten geschmähten von Gregor XVI. oder Leo XII. nicht. Mit den wirklichen Bedürfnissen der Neuzeit, mit den legitimen Wün= schen der Völker seine Regierung in Harmonie zu setzen, ist der Papst nicht durch das Dogma verhindert. Daran halten auch wir mit Bischof Dupanloup (S. 631.) fest. So sehr man vor der Größe der allseitig die päpstliche Regierung umgebenden Schwierigkeiten zurückschrecken mag: wir halten sie mit Döllinger nicht für unheilbar und unbesieglich. „Sanabilibus laboramus malis." (S. XVI. XVII.)

IV.
Heilmethoden und Heilmittel.

Eine der wichtigsten Fragen der Gegenwart ist wohl die: Wie sollen die Wunden des Kirchenstaates geheilt, wie soll sei= nen Gebrechen abgeholfen werden?

Zur bestimmteren Lösung dieser Frage dürfte sehr viel die Beantwortung einer anderen beitragen, der nämlich, wer eigentlich diese Wunden geschlagen hat, woher diese Gebrechen entstanden sind. Sehr oft wird ein moralisches Uebel von der Seite her zu heben sein, von der es seinen Ursprung nahm, und die Erkenntniß der Quelle, aus der es stammt, läßt erst sicher die Heilmethode bestimmen.

Vier Factoren sind es unseres Erachtens, die — obschon nicht in gleicher Weise — die so vielfach beklagte gedrückte Lage des Kirchenstaates und die in ihm herrschenden Uebelstände herbeigeführt: die revolutionären und antikirchlichen Verbindungen, die Politik auswärtiger Mächte, die Schwächen des Volkscharakters und die Mißgriffe der Regierung.

Das Geheimbündlerwesen, welches, um mit Döllinger (S. 561) zu reden, die Gegenwart unerträglich und die Zukunft hoffnungslos machte und die strengsten Maßregeln der Regierung hervorrief, griff nach der französischen Herrschaft unter Pius VII. immer mehr um sich. Glühender Haß gegen Kirche und Christenthum, gegen die Monarchie und die sociale Ordnung war die Seele dieser verderblichen Sekten, diabolische Schlauheit und Hinterlist dirigirte ihr Wirken nach Außen, die heranwachsende Generation bildete ihr vorzüglichstes Werkzeug. In der Presse, auf den Lehrstühlen, auf der Bühne, in den Café's, allenthalben waren sie thätig und Rom behielten sie stets im Auge[1]). Kaum ist es möglich, die Giftsaat, die sie ausgestreut, zu übersehen; ihre Meuchelmorde, ihre Verführungskünste, ihre Verläumdungen und Blasphemien sind constatirt in zahlreichen Prozeßacten, in bischöflichen Hirtenschreiben, in päpstlichen Erlassen — Documente, die mindestens eben so viel Gewicht haben dürften als die Berichte und Belege bei den der päpstlichen Regierung feindseligen Autoren. Durch

---

[1]) Was der Franzose Crétineau-Joly in seiner Schrift: L'église romaine en face de la révolution. t. II. p. 83 sqq. hierüber nach Briefen der Geheimbündler selbst darstellt, findet sich allenthalben durch die Schriften bestätigt, die von Mitgliedern der Geheimbünde selbst herrühren. Man lese z. B. die Ricordi di Felice Foresti sui Carbonari im Anhange von Vannucci's Martiri della libertà. Man findet dort z. B., daß ein als bloßer Lehrling (apprendente) aufgenommener Priester Fortini zur schriftlichen Abläugnung des Katholicismus genöthigt ward und tausend andere Dinge, die über Tendenz und Charakter dieser Sekten nicht den leisesten Zweifel mehr übrig lassen. Die bekanntgewordenen Eidesformeln (s. Univers 13. Sept. 1855) und die notorische Dolchpraxis zeigen auch klar die Mittel, mit denen sie die Verwirklichung ihrer Absichten erstreben.

jahrelanges, bis zum Jahre 1830 noch wenig von Erfolg gekröntes Bemühen gewann der Carbonarismus eine bedeutende Zahl von enger und minder eng ihm verbundenen Freunden und Anhängern, welche auf die Volksmassen, die bis 1814 dem päpstlichen Stuhle die größte Anhänglichkeit erzeigt (S. 547), nach und nach den verderblichsten Einfluß erlangten und die tiefste Mißstimmung erregten, wie sie auch der ausgezeichnetesten Regierung die größten Schwierigkeiten bereiten mußten. Nur der Macht der Religion, deren äußeres Bollwerk man in der zeitlichen Herrschaft des römischen Stuhles bekämpfte, war es zu danken, daß nicht die gesammte Bevölkerung von dem Gifte der Unbotmäßigkeit und des Unglaubens inficirt ward. Diese Thatsachen lassen sich nicht hinwegraisonniren; auch sie gehören zu den Momenten, die in Betracht gezogen werden müssen.

Andere Schwierigkeiten kamen von den auswärtigen Mächten. Schon im achtzehnten Jahrhundert hatten die bourbonischen Höfe Alles aufgeboten, den Papst vor den Augen Europa's und seiner eigenen Unterthanen möglichst herabzusetzen. Nach Napoleon's Sturz übte das Metternich'sche System in der Reactionszeit seinen Druck [1]), der um so gewichtiger wurde, als man sich von dem verderblichen Treiben und Streben der politischen Secten mehr und mehr überzeugt. Nach den ersten Carbonari-Erhebungen in Italien wirkten die politischen Flüchtlinge in London, Paris und Malta der päpstlichen Regierung entgegen, influencirten die Presse [2]) und gewannen auswärts

---

1) „Die eine Hauptursache der Unzufriedenheit lag in jenem Hasse gegen die österreichische Herrschaft und die auf der ganzen Halbinsel lastende Wiener Politik, welcher sich der ganzen Nation bemächtigt hatte. Man glaubte, die päpstliche Regierung sei ganz diesem Einflusse hingegeben; könnte sie sich doch nur durch österreichische Waffen behaupten." Döllinger S. 570.

2) Eine Uebersicht ihrer Thätigkeit in der italienischen Presse seit 1828 gibt die Civiltà cattolica in dem Aufsatze: Lo scompiglio d'Italia effetto della stampa nazionale. (Nr. 266. vom 20. April 1861. S. 159 ff.)

Bewunderer und Verehrer. England insbesondere war es das nicht erst seit 1851 (S. 583), sondern schon längst vorher, bereits 1832 sich der päpstlichen Regierung höchst feindselig erwies. Wenn Sir G. H. Seymour in der Erklärung vom 7. September 1832 das römische Gouvernement an den Pranger stellte, weil es nicht das Verlangte gethan, und neue Unruhen in Folge der unbefriedigt gebliebenen Hoffnungen vorherverkündigte, diese Note vor seiner mit Eklat bewerkstelligten Abreise nach Florenz den übrigen Gesandten in Rom zusandte und sie der Oeffentlichkeit übergab, so lag unter den gegebenen Umständen darin für die unzufriedenen päpstlichen Unterthanen eine Ermuthigung zur Rebellion und eine indirecte Verheißung englischen Schutzes für ihre Bestrebungen. Der Schritt war um so auffallender, als die Gesandten der vier anderen Großmächte damals eine ganz andere Haltung einnahmen, obschon das von Bunsen redigirte Memorandum vom 21. Mai 1831 gemeinsam von ihnen eingereicht worden war. Auch die englischen Forderungen von Repräsentativinstitutionen, Nationalgarde und unbeschränkter Preßfreiheit, die weit über den Inhalt jenes Schriftstückes hinausgingen und von Cardinal Bernetti entschieden zurückgewiesen wurden, waren sicher in damaliger Zeit nur gestellt, um den Papst, falls er nachgebe, zu verderben, falls er widerstehe, zu discreditiren[1]). In Rom wußte man sehr gut, wie die tonangebende englische Presse vom Papste sprach und wenn man 1844 einen Gesandten Großbritanniens daselbst wünschte, so war es hauptsächlich für das Interesse der englischen Katholiken und in der Hoffnung, es werde ein beständig in Rom residirender englischer Diplomat die dor-

---

1) Vgl. Crétineau-Joly t. II. L. IV. p. 224 sqq. Auch Graf Rayneval sagte in der berühmten Depesche an den Grafen Walewski vom 14. Mai 1856: „Den Beifall, den mehrere Cabinette den von der Bevölkerung vorgebrachten Klagen spendeten, war — offen gestanden — nicht die geringste der Ermuthigungen. Derselbe ist gegenwärtig die wirksamste von allen und jene, worauf die Hoffnungen Aller gerichtet sind, die etwas Anderes verlangen, als was sie haben."

tigen Verhältniſſe richtiger auffaſſen und beurtheilen lernen. Daß ſodann die Reformbewegung von 1846 und 1847 von Palmerſton begünſtigt und befördert werde, ſtand zu erwarten und erregte keine Verwunderung mehr; die Reiſe des Lord Minto, die Graf Montalembert une promenade incendiaire genannt hat [1]), diente mehr dazu, die Revolution, als den „reformatoriſchen" Papſt zu ermuthigen. Wie ſehr Palmerſton's Agent Freeborn die Mazziniſten 1849 begünſtigt und zu ihren Gunſten auch die Franzoſen verläumdet hat, iſt z. B. aus dem von ihm nicht widerlegten Berichte zu erſehen, den General Niel 1850 der franzöſiſchen Nationalverſammlung vorlegte [2]). Vor 1851 hatte der „fromme" Lord Shaftesbury ſeinen Kreuzzug gegen den römiſchen Antichriſt eröffnet; vor 1851 wirkten Mazzini's Freunde auf die öffentliche Meinung der Meereskönigin ein und wenn Lord Palmerſton im Parlament behaupten konnte, Rom ſei nie beſſer regiert worden als unter Mazzini's Republik, ſo läßt dieſe ungeheuerliche, allen Thatſachen Hohn ſprechende Behauptung einen Blick thun in eine Verbiſſenheit, die nicht erſt ſeit geſtern und vorgeſtern datirt. Der proteſtantiſche Haß trat ebenſo auch vor der Reſtauration der katholiſchen Hierarchie in England an den Tag; nur wurde er ſeither immer heftiger, wie ſich namentlich 1856 und 1859 gezeigt hat. Palmerſton's Politik hat in Griechenland und Neapel Lorbeeren errungen, denen die Verdienſte um den Kirchenſtaat würdig zur Seite ſtehen. Wie die öffentliche Meinung über Italien in England fabricirt wird, kann man daraus entnehmen, daß die „Times" z. B. den Königsmörder Gallenga zum Correſpondenten hat und daß neuere engliſche Touriſten in Rom außer dem Coloſſeum und St. Peter nicht ein ſchönes Gebäude und in der Bevölkerung nur unproductives Prieſter- und Bettlergeſindel gefunden haben [3]).

---

1) Pie IX et Lord Palmerston (Correspondant 25 juin 1856).
2) Montalembert l. c. p. 310.
3) So die Schrift: Rome in 1860 By Ed. Dicey. Cambridge an London 1861. p. 13. 15. 17.

Während Frankreich unter Ludwig Philipp, wie namentlich bei der Besetzung von Ancona und durch seine stete Reformagitation, die nach der Republik wieder aufzunehmen dem Napoleoniden vorbehalten war, nicht wenig zur Vermehrung der Unzufriedenheit beitrug, hat Sardinien zuletzt den anderen Mächten in dem Kampfe gegen die weltliche Herrschaft des Papstes mit um so größerem Eifer den Rang abgelaufen, als deren Sturz zugleich der Anfang seiner eigenen Vergrößerung werden sollte. Nicht etwa erst seit dem Jahre 1859, in dem es die Romagna sich einverleibte, auch nicht seit 1856, wo es auf dem Pariser Congreß bereits gegen die römische Mißregierung Sturm lief, sondern schon seit 1849, stärker aber seit 1852, suchte Sardinien sich eine starke Partei im päpstlichen Staate zu bilden, ließ den Papst, mit dem es 1850 in kirchlicher Beziehung bereits brach, in der Presse heftig angreifen und seine diplomatischen Agenten jenes Spiel beginnen, das Pes della Minerva und Andere bis zum October 1859 mit so großem Erfolge fortgesetzt haben [1]). Graf Cavour, der sich wenige Monate vor seinem Tode eines zwölfjährigen Conspirirens rühmen konnte, hat weder Geld noch Verheißungen und Intriguen gespart, allenthalben Anhänger zu gewinnen und neue Verschwörungen zu organisiren, so daß bis zum Ausbruche des italienischen Krieges Alles bestens vorbereitet war. Schriftsteller wie Farini und Gualterio, periodische Publicationen wie die Rivista contemporanea, bereiteten darauf vor, und wenn man auch auf conservativer Seite seit 1849 Vieles gelernt hatte, wenn die Civiltà cattolica in Rom, das Giornale di Roma, die

---

1) Vgl. die Note des Cardinals Antonelli vom 29. Februar 1860. (Allg. Zeitung 20. März), Pays 15. Sept. 1860. Daß die leitenden Turiner Staatsmänner den Logen angehören, ist allbekannt. Cavour ward von französischen und italienischen Logen als Bruder bezeichnet (Salut public von Lyon 25. Juni — Gazzetta del popolo 26. Juli 1861); ebenso Farini und Minghetti, Verfasser des Märzmemorandums von 1856, desgleichen E. Nigra, jetzt Großmeister der Logen (Allgem. Zeit. 16. Nov. 1861. A. P.).

Armonia in Turin viele Tendenzlügen widerlegten, so war das
doch der Masse der feindseligen Organe gegenüber viel zu wenig und es gelang nicht, den in der Literatur gegen das päpstliche Rom begonnenen Sturm zu beschwichtigen, noch weniger
aber das Ausland, das am meisten aus jenen Quellen schöpfte,
eines Besseren zu überzeugen. Das Zusammenwirken von Cavourianern und Mazzinisten, die so lange, als es gemeinsame
Ziele gilt, Hand in Hand gehen, brachte bei der Sorglosigkeit
und Schlaffheit vieler Gutgesinnten eine wohlorganisirte und
wohlgeübte Streitmacht zusammen, die den Mitteln der päpstlichen Regierung bald überlegen war. Wie sehr mußte bei der
feurigen Jugend der Gedanke zünden, daß Italien nicht die
Rolle spiele, zu der es nach seiner Geschichte, seinen Anlagen,
seiner Bedeutung berufen sei, daß es von anderen Nationen
darum überflügelt werde, weil es nicht die liberalen Institutionen besitze, deren jene sich rühmen, daß es diese sowie eine große
politische Stellung nur durch Piemont zu erlangen vermöge,
das allein dem constitutionellen System treu geblieben, allein
auf der Bahn des Fortschritts unbekümmert um hierarchische
Anmaßungen seinen Weg gegangen sei? Wie sehr mußte da die
Priesterherrschaft verhaßt werden, die als das hauptsächlichste
Hinderniß der nationalen Wohlfahrt und Größe beständig dargestellt, mit allen Waffen der Lüge, der Satyre, des Hohnes
angegriffen ward? Wie leicht mußte man sich den Sturz dieser
Herrschaft vorstellen, nachdem er schon einmal 1831 in der Romagna und dann 1848 in Rom, wenn auch vorübergehend,
durch den Unwillen und die Macht des „Volkes" erreicht worden war? „Der für den Augenblick errungene Sieg über das
Papstthum" — sagt Hr. von Rayneval — „beraubte dieses
vollends seines Nimbus. Es war nicht mehr die geheiligte
Macht, über welche keine Anstrengung den Sieg davon tragen
sollte. Es häufte vergeblich eine Concession auf die andere;
seine Berechtigung zur Existenz wurde in Frage gestellt; man
gewöhnte sich an die Idee, es verschwinden zu sehen." Da
waren die Napoleoniden und Muratiden Pepoli in Bologna,

Raspont in Ravenna, da waren die sardinischen Agenten und Agentinnen leicht im Stande, mit Hülfe der vorhandenen revolutionären Elementen eine immerhin ansehnliche antipäpstliche Partei zu bilden ¹).

Rechnen wir nun hinzu die Schwächen des Volkscharakters. Graf Rayneval schildert die Italiener als klug, scharfsinnig, leicht alle Dinge auffassend, aber der Energie, des Bürgermuthes entbehrend, uneinig, mißtrauisch gegen einander, zur Organisation der Kräfte völlig ungeschickt, dabei Alles von der Regierung erwartend. Wegen dieses gegenseitigen Argwohns kommt es nur selten und schwer zu größeren Associationen, auch nicht für den Handel, für den die Nation so sehr begabt ist und für das, was sie selber thun sollten, wollen die verwöhnten Kinder der Natur die Regierung eintreten lassen. Alles soll diese thun; für Alles macht man sie verantwortlich. Die päpstliche Regierung hat nach und nach die alten Hindernisse freierer Regsamkeit entfernt, industrielle Bestrebungen ermuthigt, Handels- und Gewerbefreiheit verliehen, viele Handels-, Schifffahrts-, Post- und Telegraphenverträge geschlossen ²); aber Vieles hat die Bevölkerung sich nicht zu Nutzen gemacht, sie schien in träger Apathie zu verharren. So machte man auch dem päpstlichen Regime, etwa wie in Deutschland der Bundesversammlung, die geringe politische Geltung der Nation zum Vorwurf und übersah, daß dieser selbst die Bedingungen und Erfordernisse zu höherer Bedeutung fehlten. „Dieser Mangel an Gleichgewicht zwischen der wunderbaren Klugheit der Italiener und den Fehlern ihres Charakters" — so schreibt der vorgenannte französische Diplomat — „erklärt ihre ganze Geschichte und ist der Grund der politischen Inferiorität, worin sie im Vergleich zu den anderen Völkern Europa's geblieben sind. Jedes Volk duldet die Strafe für seine Fehler; aber

---

1) Vgl. Berliner Kreuzzeitung 2. Mai 1861. Beil.
2) Atti di Pio IX. vol. I. p. 108. 302. 627. vol. II. p. 6. 56. 101. 155. 180. 207. 212. 216. 219. 242. 247. 249. 273. 297. 307. 352.

wie soll man demselben begreiflich machen, daß es sich selber, und nicht Denjenigen, die es regieren, seine Inferiorität zuschreiben muß?"

Damit hängt zusammen, daß der den Piemontesen, die nicht Italiener, sondern ein mehr den Schweizern und Franzosen nahestehendes Mischlingsvolk sind, eigene militärische und monarchische Geist nach der Anschauung desselben Diplomaten dem übrigen Italien gänzlich abgeht. „Der italienische Charakter ist in Bezug auf Politik und Verwaltung dem Mittelwege, den Vergleichen geneigt. Die Erklärung des Gesetzes trägt über das Gesetz selber den Sieg davon¹). Zufolge der sorgsam bewahrten juristischen Tradition des alten Roms²) ist die Rechtswissenschaft die Hauptregel. Diese Tendenz findet man überall. Sie übt mitunter einen **sehr glücklichen** Einfluß auf den Gang der wichtigen Angelegenheiten; aber in der **administrativen Praxis** läßt sie den Regierenden einen sehr weiten Spielraum³); sie verringert in den Augen der Regierten die Autorität des Gesetzes und ermuthigt die letzteren auf eine besondere Weise zu allen Manövern, durch welche sie

---

1) L'interprétation de la loi l'emporte sur la loi elle-même. Döllinger, der diese Worte (S. 617) citirt, hat es außer Acht gelassen, den Zusammenhang derselben mit dem Vorhergehenden und Nachfolgenden zu bezeichnen, nach dem eine solche Maxime im Volkscharakter, und nicht lediglich in der Willkür der Regierenden und Verwaltenden begründet ist. Wenn aber nach Rayneval das Volk der strikten Anwendung des Gesetzesbuchstabens so sehr abhold ist: kann dann noch eine dieser Richtung sich conformirende Regierungspraxis **allein** Gegenstand des Tadels sein und als so sehr mit den Volkswünschen collidirend gedacht werden?

2) Es wäre eine dankenswerthe Arbeit für einen gründlichen Kenner des römischen Rechts, die Fortbildung desselben in der Gesetzgebung und Jurisprudenz des Kirchenstaates zu verfolgen; daran waren aber auswärtige Gelehrte bis jetzt ebenso durch Vorurtheile als durch Mangel an einer speciellen Veranlassung verhindert.

3) Diesen freien Spielraum wünscht anderwärts den Buchstabenmännern gegenüber eine nicht unansehnliche Zahl sowohl von Sachverständigen als von Leuten aus dem Volke.

sich der strengen Anwendung des Buchstabens der Verordnung entziehen können. Ein unbeugsames Gesetz würde ihnen verhaßt sein; eine Verwaltung, die sich streng an den Buchstaben des Gesetzes hielte, ohne dem Compromiß Raum zu gestatten, würde ihnen u n e r t r ä g l i ch h a r t erscheinen." Wir können die Sache, soweit sie die Regierenden betrifft, füglich auf sich beruhen lassen; aber fragen müssen wir, ob das, was den Regierten u n e r t r ä g l i ch h a r t erscheinen würde, von ihnen wirklich so eifrig verlangt wird, als es anderwärts behauptet werden will, und ob die Accomodation an den Volkscharakter nicht in vielen Fällen geboten ist oder nie eine Entschuldigung verdient.

Der vom südlichen Himmel so sehr begünstigte Hang zum „süßen Nichtsthun", der aber weit mehr bei der entarteten Städtebevölkerung als bei dem weit besseren Landvolk hervortritt, die große Genügsamkeit der niederen Klassen bezüglich der Nahrung und Kleidung, die das Aufstreben zu materiellem Comfort vielfach hindert, der Hang zum Schmähen, Lästern und Murren, der bei der immer von der päpstlichen Regierung gegönnten Redefreiheit ungestört sich äußert, der leidenschaftliche Hang zum Spiel, zur Lotterie [1]), zur Belustigung, sodann die

---

[1]) Das Lotto war von Genua aus unter Alexander VII. nach Rom gekommen. Innocenz XI. (3. Dec. 1685), Innocenz XII. (24. März 1696) und Benedict XIII. (19. Sept. 1725 und 12. Oct. 1726) verboten es, ja letzterer erließ, da die bisherigen Verbote nichts fruchteten, am 12. August 1727 dagegen eine äußerst strenge Bulle (Bullar. Rom. XI. II. p. 400.), wornach das Spielen in der Lotterie mit Galcerenstrafe und Excommunication belegt ward. Der römische Advocat Hier. Ercoli veröffentlichte gegen das Lotto eine eigene Schrift (Del giusco del Lotto che sia degno d'essere dapertutto proihito. Roma 1728). Clemens XII., der anfangs (1730) selbst das Verbot erneuert hatte, nahm wahr, daß die Spielwuth des Volkes nicht zu zügeln war, daß es alle Strafen mißachtete, die Zahl der Delinquenten viel zu groß war, daß Winkellotterien fortbestanden und dazu viel Geld außer Landes ging, insbesondere den Lotterien von Genua, Neapel, Modena zufloß. Er setzte eine eigene Commission zur Berathung der Frage ein,

große Leichtgläubigkeit in allen Dingen, die den gerade herrschenden Meinungen entsprechen, bei allem sonstigen Argwohn — das Alles sind Dinge, die wohl in Anschlag gebracht werden müssen, die oftmals der Regierung Schwierigkeiten bereitet haben, sehr oft auch von ihren Feinden ausgebeutet wurden. Das Mißbehagen und die Unzufriedenheit, von Außen einmal künstlich erregt, konnte bei solchen Dispositionen nur immer größere Dimensionen annehmen, während die auswärtige Presse das Ihrige dazu beitrug, die päpstliche Regierung verhaßt und verachtet zu machen. Man könnte ganze Bände schreiben, wollte man alle die schändlichen Lügen auch nur aus der neuesten Zeit von der Mähre der bei Frascati von Räubern ausgeplünderten Eisenbahn an bis zu dem angeblich an Locatelli verübten Justizmord [1]) auch nur ganz kurz registriren.

Wir haben früher gesehen, wie die zwei Hauptparteien des Landes die Altconservativen und die Freunde des Umsturzes sind, und daß die aus einem Theile des Adels, der Bourgoisie sowie einigen Beamten, Advocaten, Aerzten u. s. f. bestehende moderirt liberale Fraction sich bisher als numerisch und geistig unbedeutender und dazu völlig unzuverlässig gezeigt hat. Graf

---

an deren Spitze der gelehrte Cardinal Toloméi stand. Diese Commission erklärte, an sich sei das Lotto nicht unsittlich, der Staat könne es unter den gegebenen Verhältnissen als indirecte und freiwillige Steuer betrachten, und wenn er auch den unbesonnenen Gebrauch des Vermögens der Privaten nicht hindern könne, vermöge er doch durch genaue Ueberwachung der Lotterie viele Mißbräuche abzuschneiden. So ward das Lotto 1731 erlaubt und zunächst nach Art einer Verlosung zu Wohlthätigkeitszwecken mit vielen Beschränkungen unter die Obhut der Behörden gestellt.

1) Es ist erwiesen, daß Locatelli als Mörder eines päpstlichen Gensdarmen auf die Aussagen von Augenzeugen, und zwar von französischen Soldaten, sowie auf sein eigenes Geständniß hin zum Tode verurtheilt worden ist. Die dreiste Lüge von dem in Rom begangenen Justizmord soll den Hrn. Achilles Gennarelli — denselben, den wir unter den von Döllinger benützten Autoren finden — zu ihrem Erfinder haben. (Vgl. Allg. Zeit. 16. Nov. 1861. Außerordentl. Beil.)

Rayneval schildert eine Classe dieser Leute also: „Es gibt noch eine beträchtliche Zahl von Menschen, die sich Freunde der päpstlichen Regierung nennen, sie aber gleichwohl ohne Unterlaß angreifen, und die, ohne gerade eine englische Constitution zu fordern, sich mit dem Wunsche einer besseren Verwaltung begnügen zu wollen vorgeben. Sie sind nicht im Stande zu sagen, was sie darunter verstehen. Nach ihrer Ansicht hängt Alles von der Regierung ab, selbst der Wohlstand ihres eigenen Hauses und die gute Leitung ihrer Privatangelegenheiten. Indem sie alle Handlungen der Verwaltung aus den persönlichen Motiven und dem gemeinsten Eigennutz herleiten, glauben sie, aller Nutzen, der daraus erwachsen kann, ströme in die Hände einer kleinen Zahl Freibeuter zusammen, die zu ihren Gunsten die Kräfte ihres Landes auszubeuten verstehen. Sie träumen von nichts als von Unredlichkeiten und Epressungen¹). Weniger belastet als die Mehrzahl der Steuerpflichtigen in Europa, behaupten sie doch, durch die Forderungen des Fiscus erdrückt zu werden. Ohne Kenntniß der Elemente der Staatswirthschaft und Verwaltung stellen sie, wenn man sie zu genauer Formulirung ihrer Anträge nöthigt, Systeme auf, die mit den Lehren der Erfahrung im schreiendsten Widerspruche stehen. Endlich, sagen sie, sie hätten große Furcht vor den Mazzinisten, und öffnen ihnen doch die Thüre." Letzteres haben sie reichlich 1847 und 1848 gethan und Graf Rayneval sprach 1856 entschieden aus, daß diese Moderirten abermals von der extremen Partei Mazzini's sich überflügeln und über Bord werfen lassen würden, und alle Einsichtigen stimmen ihm bei. Auf eine solche Partei kann sich keine Regierung stützen; sie ist nur zum Klagen, nicht zum Handeln stark; in den annexirten Provinzen hat sie es 1859 und 1860 abermals bewiesen und jetzt macht sie unter piemontesischem Joch dem gepreßten Herzen abermals durch Klagen Luft, soweit sie nicht bei dem Regie-

---

1) Diese Stimmung geht durch das ganze Buch des Exprälaten Liverani hindurch, der übrigens darin sich selber jämmerlich prostituirt hat.

rungswechsel ihre persönliche Rechnung gefunden. Was die eigentlich Constitutionellen betrifft, so haben diese, wie Rayneval sagt, sich mit den Mazzinisten provisorisch zum Befreiungswerke vereinigt; sie sind 1859 großen Theils piemontesisch geworden, sie werden mazzinistisch sein, sobald Victor Emmanuels Sonne völlig verblichen ist. Umsturz der päpstlichen Regierung war das gemeinsame, nächste Ziel; nur als Handlanger der Unionspartei hatten dieselben eine Bedeutung [1]).

In der conservativen Partei haben wir zwei Richtungen nachgewiesen, die wir die Energischen und Thatkräftigen, dann die Energielosen und Apathischen nennen können. Beide Richtungen erwähnt der oft angeführte Diplomat. Er kennt darunter eine Fraction, die alles Unheil dem Aufgeben des alten Systems zuschreibt und behauptet, wenn man zu dem reinen und einfachen geistlichen Regimente, wie es früher bestanden, zurückkehre, so würden die Leidenschaften sich beruhigen und jede Schwierigkeit verschwinden. Diese Ansicht geht von einer Voraussetzung aus, die Döllinger durchweg bestreitet, da er von dem alten System des geistlichen Regiments als einem bis jetzt strenge festgehaltenen redet, von einer Regierungsmethode, die 45 Jahre lang herrschte (S. 684); sie sieht die unter Gregor XVI. beibehaltene Art der Verwaltung als die richtige an, auf die Zeit vor Pius VII. greift sie nicht zurück. Die entschieden Päpstlichen haben sich seit Consalvi [2]) an jeder Neuer-

---

1) Montanelli hat in seinen Memorie sull' Italia (Turin 1853) sehr beachtenswerthe Aufschlüsse gegeben.

2) Ueber diesen berühmten Staatsmann schreibt der Engländer R. H. Wrightson (Geschichte des neueren Italiens. Kap. VII. Deutsche Uebersetzung. Leipzig 1859. S. 89.): „Während Consalvi in Wien mit der Vertheidigung der territorialen Ansprüche des Papstthums beschäftigt war, wären seine Anwesenheit und seine Autorität in Rom sehr nöthig gewesen, um der wiedereingesetzten Regierung Mäßigung einzuflößen. Damals wäre es ihm gelungen, dem Eifer seiner Brüder einen Zaum anzulegen und eine Partei niederzuhalten, die er später nicht mehr beherrschen konnte. Nach Consalvi's Rückkehr war der Widerstand, den

ung geärgert und sie waren gerade die treuesten Unterthanen, die von den Strömungen des Zeitgeistes am wenigsten berührt worden sind.

So sehen wir denn, abgesehen von den zahllosen Verschiedenheiten, die aus Abstammung, Lebensweise, Sitten und Dialecten der Bevölkerung, sowie aus den verschiedenen Schichten der Gesellschaft sich ergeben, auch in politischer Beziehung eine vielseitige Zerklüftung, die nothwendig ihre zersetzende Wirkung üben muß, wenn die ordnenden und zusammenhaltenden Bande gesprengt oder wesentlich gelockert werden.

Kommen wir nun zu dem vierten Factor, zu den Mißgriffen der päpstlichen Regierung. Wir gestehen hier aufrichtig, daß wir im Angesichte der bis jetzt angeführten Thatsachen nach Allem, was wir darüber gelesen und beobachtet haben, in einiger Verlegenheit sind, dieselben genau und erschöpfend zusammenzustellen und es uns nicht leicht scheint, sie in einem so complicirten Organismus zu entdecken. Es ergeht uns, wie dem Grafen Rayneval, der da schreibt: „Ich frage beständig Diejenigen, die mir von den Mißbräuchen der päpstlichen Regierung reden (dieser Ausdruck ist nämlich heut zu Tage stehend geworden und man glaubt daran, wie an das Evangelium): „Aber worin bestehen diese Mißbräuche? Das habe ich nun nie herausbekommen können. Wenigstens hält man anderwärts die Thatsachen, die man hier mit jenem Namen ausstattet, für Fehler der menschlichen Natur, und denkt nicht daran, der Regierung die Verantwortlichkeit für das aufzubürden, was einige ihrer subalternen Beamten sündigen können." Und schon vorher hatte derselbe sich dahin geäußert: „Ich sehe nirgends, daß die wahren Ursachen der Mißstimmung in einem unmittelbaren Zusammenhang mit der Art und Weise der Verwaltung ständen." Sollen wir die Langsamkeit in Entschließ-

---

er dieser Partei entgegensetzen konnte, nicht immer von Erfolg. Es gelang ihm nicht, das Gute des alten Systems mit den Vortheilen des neuen zu verbinden und seine Versuche einer solchen Aussöhnung endeten mit einem nicht befriedigenden Compromiß"

ungen, den Mangel an Energie der römischen Regierung vorwerfen? Aber diese Fehler sind, wie wir sahen, im Volkscharakter begründet; sie haben zum Theil ihren Grund in zu großer Gewissenhaftigkeit, die sich selbst mißtraut, alle nachtheiligen Folgen sorglich abwägt und „geneigter ist zu prüfen, als sich schlüssig zu machen." Sollen wir sie zu großer Milde anklagen, die in Schwäche ausartet? Aber ein strenges Regiment wie das eines Sixtus V. würde heut zu Tage alle Welt erbittern, dem Volkscharakter durchaus widerstreben, dem Hasse der Papstfeinde nur neue Nahrung zuführen. Dabei sehen wir ganz davon ab, daß die Anklagen sich meistens widersprechen. Denn während die Einen über zu große Milde klagen, klagen die Anderen mit Lord Palmerston über zu große, ja tyrannische und grausame Strenge. Sollen wir sie des starren Festhaltens an mittelalterlichen Formen, an schroffer Centralisation, an veralteten Gesetzen beschuldigen? Aber der treueste Theil der Unterthanen hat seinen Abscheu vor Neuerungen bezeigt, war mit den eingeführten und angebahnten Reformen unzufrieden, diese wurden von den Feinden der Regierung stets mißbraucht und werden stets von ihnen mißbraucht werden, wie ihre eigenen Geständnisse, wie englische und französische Diplomaten einstimmig aussagen, und dazu ist die Gesetzgebung vielfach modificirt, die bureaukratische Centralisation um Vieles erleichtert worden. Kurz wie wir eine Anklage formuliren wollen, da sehen wir sogleich eine Antwort, die uns belehrt, daß gewichtige Motive und nöthigende Umstände zu dem und dem vorlagen, die wir großentheils ausfindig machen können, obschon das Wichtigste wohl nur eben dem bekannt sein kann, der alle Verhältnisse von Oben überschaut.

Um Verbesserungen einzuführen, sind einer Regierung zwei Dinge nothwendig: der gute Wille und die Möglichkeit der Ausführung. Daß es nun den Päpsten am guten Willen nicht gefehlt, gibt Döllinger vollkommen zu (S. 557. 561. 562. 564 f.). Da wäre nun die Frage zu erörtern: Wenn die Päpste Verbesserungen einführen wollten und es doch nicht thaten: hat es da nicht an der Möglichkeit gefehlt?¹) Sodann die weitere: War Alles, was ihnen vorgeschlagen wurde und vorgeschlagen wird, auch wirklich eine Verbesserung? Wir haben bereits im vorigen Artikel hierauf großentheils die Antwort gegeben; wir verzichten hier, weil dieses uns zu weit führen müßte, das im Detail zu recapituliren. Wir räumen die dort aufgeführten Gebrechen und Mängel mit den dort angegebenen Beschränkungen willig ein: und erkennen auch den vierten Factor — die Commissions- und Omissionssünden der Regierung — unbedenklich an.

Wenn wir nun aber zurückgehen auf unsere im Eingange gestellte Frage nach der Art und Weise, wie die Wunden und Gebrechen des Kirchenstaates zu heilen seien: so ist klar, daß bei dem guten Willen der Regierung die von ihr verschuldeten oder von ihren Vorgängerinnen überkommenen Gebrechen weit leichter zu heilen sind, als diejenigen, die im Volkscharakter, in dem Wirken der Geheimbünde und in den Intriguen der fremden Diplomatie ihre Quelle haben. Die letzteren waren ohne allen Zweifel die unmittelbare Ursache der jetzigen äußerst schwierigen Situation. Die Declamationen im Pariser Congreß von 1856 und in den darauf folgenden Parlamentssitzungen in London und Turin hatten eine gewaltige Aufregung hervorgerufen, die Unzufriedenheit mit dem Bestehenden und die Hoffnungen auf fremde Unterstützung genährt und gesteigert. Um das Unheil abzuwenden, hielt Graf Rayneval, wie er am Schlusse seines Berichtes ausführt, für nöthig, daß „in England und Sardinien die Organe der Presse aufhören, jene Lei-

---

1) Man müßte das um so eher annehmen, wenn es wahr sein sollte, daß sowohl Gregor XVI. (S. 565) als Pius IX. (S. 620. N. 2.) die bestehende Regierungspraxis tief beklagt haben. Auch Vicomte de Grouchy schreibt in seiner von Einseitigkeiten und Uebertreibungen nicht ganz freien Broschüre: Des défauts du gouvernement pontifical. Saint-Gall 1860 p. 154: Le gouvernement du Saint-Père veut positivement le bien-être des hommes; mais ces hommes eux-mêmes le veuillent-ils? Non!

denschaften aufzuregen, und daß die katholischen Mächte fortfahren, dem heiligen Stuhle offenkundige Zeichen ihrer Theilnahme zu geben." „Aber — so fährt er fort — wie soll man von zwei so erbitterten Feinden des heiligen Stuhles erwarten, daß sie ihre Angriffe in dem Augenblicke einstellen sollten, wo sie noch in einer so auffälligen Weise hervorgetreten sind? ... Angesichts der Aufregung der Gemüther in Italien und der lebhaften, durch die Bekanntmachung der Protokolle (von Paris) hervorgerufenen Bewegung ist es unmöglich, sich eines Gefühls schwerer Unruhe über die dem Papstthum bevorstehende Zukunft zu erwehren. Wenn man darauf nicht achtet, wird Europa die furchtbarste, weil die tiefsten und heftigsten Leidenschaften des menschlichen Herzens aufregende Frage vor sich sehen."

Die Befürchtungen und Ahnungen des ehrenwerthen Mannes sind nur zu sehr in Erfüllung gegangen. Von Seite der revolutionären und revolutionsfreundlichen Mächte ist an keine Beihülfe zur Heilung der durch sie geschlagenen Wunden zu denken. Der wilde Taumel war einmal entflammt und so sehr bei der Papstreise von 1857[1]) sich die lautesten Sympathien für Pius IX. kund gaben, so ward doch die großentheils zaghafte und wenig kriegerische Bevölkerung, mit tausend Netzen umgarnt, bis sie nicht mehr entrinnen konnte, die Beute ihrer piemontesischen Befreier. Erst die Wahrnehmung, zu welchem Abgrund dieses Treiben führt, hat nach und nach die Schlummernden aufgerüttelt und die Unentschlossenen mehr und mehr zur That geführt.

Da nun ein großer Theil der Uebelstände seinen Grund in der antichristlichen Verschwörung hat, die den päpstlichen Thron mehr als jeden anderen zum Zielpunkt der heftigsten Angriffe ausersah: so wäre die Wiederkehr religiösen Sinnes bei dem in deren Schlingen verstrickten Theile der Bevölkerung unseres Erachtens einer der wichtigsten Factoren der Besserung. Große

---

1) Vergl. die Schrift: Pio IX. ed i suoi popoli nel 1857. Roma. 1860. 1861. 2 voll.

Calamitäten haben zu allen Zeiten die erstorbene religiöse Gesinnung wieder wach gerufen; bittere Erfahrungen haben Tausende wieder zu Gott geführt; das kann wieder bezüglich Italiens in den Planen der Vorsehung liegen, so sehr auch jetzt Unglaube und Gottlosigkeit triumphiren. Schon der Umstand, daß seit 1859 das in den Geheimbünden Erstrebte großentheils erreicht, daß den im Geheimen Conspirirenden das öffentliche Auftreten ermöglicht, das in nächtlicher Stille Verborgene an das Tageslicht getreten, das Geschwür aufgebrochen ist, dient zu einem nicht ungünstigen Vorzeichen. Der Heldenkampf eines Volkes, wie des neapolitanischen, dem sich die Bevölkerung der angrenzenden päpstlichen Provinzen angeschlossen, dient zum wenigsten dazu, der neuen Usurpation gegenüber auch bei vielen anderen Italienern das schlummernde oder betäubte Rechtsgefühl wieder zu wecken und zu stärken; das Gewissen hat sich in neuester Zeit bei Manchen, wie z. B. Azeglio [1]), schon einigermaßen geregt. Der katholische Glaube ist in den Romanen nicht so leicht zu zerstören und der Protestantismus hat bei ihnen keine glänzenden Aussichten, wie Döllinger (S. 634. 635.) nach Geständnissen von Protestanten hervorhebt; das in Turin erstrebte Schisma kann vieles Unheil bringen, wird aber an seiner Nichtigkeit und Hohlheit zu Grunde gehen. Die Hoftheologen des zukünftigen italienischen oder römischen „Kaisers" sind nicht dazu angethan, die Begeisterung der Massen zu entflammen, noch weniger sie nachhaltig zu beherrschen.

Aber es fragt sich, welche Einrichtungen im politischen und bürgerlichen Leben zu treffen seien, um die vorhandenen Gebrechen zu heilen und eine bessere Zukunft anzubahnen. Diese Frage setzt natürlich voraus, daß alle jene Heilmethoden, welche darauf ausgehen, dem Kranken alle Säfte zu entziehen oder ihn

---

1) Siehe dessen Brief an den Senator Matteucci über Neapel vom 2, August 1861 und dessen Schrift: Quistioni urgenti, worin er sich gegen den Plan äußert, Rom zur Hauptstadt des neuen Reiches zu machen.

als incurabel seinem Schicksale zu überlassen [1]), wenn man nicht völlig ihn zum Tode befördern zu sollen glaubt, definitiv aufgegeben werden, sodann daß man nicht eine Krankheit beseitigen wolle dadurch, daß man eine andere herbeiführt, die vielleicht noch schlimmer und gefährlicher wäre, sowie daß man nicht gesunde und kranke Elemente gleichmäßig zu beseitigen sich bemühe.

Was soll nun helfen? Etwa eine Constitution? Sehr richtig bemerkt Döllinger (S. 617. 618.), daß das constitutionelle System, wie es gewöhnlich verstanden oder ausgedehnt wird, für den Kirchenstaat nicht anwendbar ist. Es darf nicht vorkommen, daß der Papst durch eine kriegslustige Faction zum Kriege gegen eine christliche Macht (wie 1848 bezüglich des Kampfes gegen Oesterreich versucht ward) gedrängt oder genöthigt werden soll. Der Papst muß im Besitze wirklicher, nicht bloß nomineller Souveränetät sein; wie der Zwang einer fremden Macht, so muß auch der Druck einer übermüthigen Kammermajorität beseitigt bleiben. Mindestens sind im Interesse der kirchlichen Stellung des Papstes alle jene Beschränkungen aufrecht zu erhalten, die das Statut vom März 1848 enthält, obschon sich unter denselben nur schwer mit einem Parlamente regieren lassen wird. Die katholische Welt, die wohl weiß, daß „es für das Papstthum keine andere Unabhängigkeit gibt als die Souveränetät selbst" [2]), will den Papst nicht dem bloßen Namen, sondern der Sache nach als Souverän geachtet wissen.

„Aber Souveränetät und eine klerikalisch-bureaukratische

---

1) „In einem schon verwesenden Körper verwandeln sich die Heilmittel in Gift", äußerte Capponi (Reuchlin, Geschichte Italiens. I. S. 279.). Eine lähmende Gewalt des Todes sieht Luigi Torelli (Dell' avenire del commercio europeo ed in modo speciale di quello degli Italiani. Firenze 1859.) in der päpstlichen Regierung.

2) Thiers im Berichte über die Nachbewilligungen für die römische Expedition von 1849 bei Villemain: La France, l'Empire et la Papauté.

Allgewalt und Alles bevormundende, in Alles sich einmischende Verwaltung, das sind zwei himmelweit verschiedene Dinge" (S. 618). Allerdings; aber wir dürfen auch hier nicht aus dem Auge verlieren, daß die bureaukratische Centralisation vielfach von den Regierten hervorgerufen ward, die eben von der Regierung Alles erwarteten und nicht selbst Hand an das Werk legten, ja sogar derselben Hindernisse in den Weg legten, daß dieselbe übrigens in der Provincial- und Communalverfassung, mit der einsichtsvolle Franzosen ganz befriedigt wären, bereits Beschränkungen erfahren hat; in ruhiger gewordenen Zeiten wären diese in noch höherem Maße eingeführt worden und die persönlichen Wünsche des Papstes zielten stets darauf hin. Jedenfalls wäre ein gemäßigtes Fortschreiten auf der Bahn einer möglichst autonomen Entwickelung der Municipal- und Provincialverbände, eine steigende Betheiligung achtbarer Laien am öffentlichen Leben und an der Gesetzgebung, wozu übrigens stets auch Laien von der römischen Advocatur zugezogen wurden, wie auch acht Laien sich 1858 im Staatsrathe fanden, einige Modificationen in den Preßgesetzen, Vollendung der bereits in Angriff genommenen Revision der Gesetzbücher, freiere Bewegung in allen Kreisen, genauere Regelung der Polizeigewalt bei einer zukünftigen Reorganisation des Kirchenstaates von bester Wirkung, zumal wenn nach den fruchtlosen Versuchen gewaltsamer Unification einst auf das alte Project der italienischen Conföderation (S. 655.) zurückgegriffen werden muß."

Diesen Gedanken zollen auch wir unseren Beifall. Aber dagegen müssen wir uns entschieden verwahren, daß man liberale Institutionen als einziges oder als vorzüglichstes Heilmittel betrachtet, da diese unverkennbar bei Fortdauer des Sectenwesens und der Instigation von Außen höchst gefährlich und verderblich werden können; wofern nicht die besseren Volkselemente die Oberhand gewinnen und die Bedingungen zu ihrer geordneten, stufenweisen Entwickelung gegeben sind. Nicht geträumte, sondern wirkliche und bedeutende Schwierigkeiten standen ihrer Durchführung bis jetzt im Wege; sich über sie ohne

Weiteres hinwegsetzen, wäre tollkühne Verwegenheit. Man rühmte Toskana's Liberalismus und seine Leopoldinischen Gesetze¹); aber was haben beide ausgerichtet bei dem Sturm von 1859? Standen sie nicht weit erbärmlicher da als die verhaßte, verläumdete, verrathene Curie, die selbst in ihrer Erniedrigung ihren Feinden Schrecken, ihren zweideutigen Freunden Bangigkeit einflößt?

Döllinger zweifelt nicht, daß eine ganz neue Regierungsform im Kirchenstaate gefunden werden könne, die berechtigten Desiderien entgegenkäme (S. 628.) und auch die erbitterten Gemüther mit einer Herrschaft versöhne, die doch Italiens wahre Größe bleibt und als solche wieder erkannt werden wird, mag man auch jetzt im Tumulte der Leidenschaften sie mißachten und vergessen (S. 650 ff.). Das wäre allerdings ein Werk hoher politischer Weisheit; aber so lange keine solche neue Combination gefunden ist, so lange über ihre Beschaffenheit nicht einmal bestimmte Andeutungen gegeben werden können, haben wir lediglich vom historisch Gegebenen auszugehen. Wir halten unsere Einsichten für viel zu gering, um hier über die zukünftige Gestaltung des Kirchenstaates bei seiner Restauration ein Urtheil abzugeben. Wann und wie der jetzt in Italien zur Herrschaft gelangte, alle besseren Elemente, soweit es seine Mittel vermögen, unterdrückende revolutionäre und antikirchliche Geist überwunden werden wird, ob er auch einem Papa Angelico (S. 653.) sich fügt, der kaum angebeteter sein dürfte, als es Pius IX. 1846 war, das ist freilich noch nicht abzusehen; ebensowenig ist ersichtlich, wie die europäischen Verwickelungen, und namentlich die italienische, sich lösen, zumal da bis zur Stunde die verschiedenartigsten, sich durchkreuzenden Einflüsse und Agenten thätig sind²). Es ist wohl denkbar, daß in spä-

---

1) Vgl. Wrightson a. a. O. Kap. VII. S. 91. Kap. XII. S. 192 ff.

2) Wie viel allenthalben politische Emissäre ausgerichtet haben, in Amerika, in Ungarn, in Montenegro, wird kaum in Abrede gestellt und sehr gut weiset bezüglich der beiden ersten Länder eine norddeutsche Cor-

teren Zeiten die Wahl der Cardinäle „nicht mehr auf abgelebte Greise¹), sondern auf kraftvolle, noch in ihren besten Lebensjahren stehende Männer" falle, so schwierig es auch ist, unter den Cardinälen selbst, die doch in verschiedenen Lebenslagen erprobt sein sollen, solche jugendkräftige Männer zu finden; indessen Pius IX. gehörte noch 1846 zu ihnen; aber unter einer Last, wie die des obersten Pontificates heut zu Tage ist, werden rasch die Haare auch des kräftigsten Mannes erbleichen. Aber die Besorgniß hat uns Döllinger nicht zu nehmen vermocht, daß die Unzufriedenen eben keinen Papst mehr wollen. Die zügellose Rotte der im Schlamme des Lasters zum Unglauben gekommenen Verschwörer sträubt sich gegen einen Herrscher von strenger Gewissenhaftigkeit und heiligem Ernste; sie will ihn nicht, weil sie Christum nicht will; sie will mit den fleischlichen Juden einen König wie die anderen Nationen, der vor ihnen hergeht und ihre Schlachten kämpft (I Sam. 8, 6. 19. 20.), einen König, der vor Gewalt und Raub nicht zurückbebt, der Concubinen hält und Bordelle errichtet, der mit Ihresgleichen fraternisirt, der seine Legitimität und alle geheiligten Traditionen seiner Familie und seines Reiches ihnen zum Opfer darbringt. Sie entscheiden sich für Barrabas gegen Christus und sind noch heute bereit, wie 1848, das Schlagwort: „Tod dem Papste!" ihrem früheren: „Tod den Priestern!" zu sub-

---

respondenz in der Allgem. Zeitung vom 20. Nov. 1861, Beil., auf die „Einwirkung fremder Agenten" hin, „die sich die Verschlimmerung innerer Uebel und die Erweiterung innerer Risse in andauernder systematischer Thätigkeit zu einem verrätherischen Geschäfte gemacht haben" Weshalb will man nun bezüglich des Kirchenstaates diese Einflüsse außer Rechnung lassen, wo sie stärker und nachhaltiger sich zeigten, als sonst irgendwo?

2) Auch Greise, wie Gregor IX., zeigten auf Petri Stuhl jugendliches Feuer und Gregor XVI. war noch nicht „abgelebt", als er — sechs Monate vor seinem Tode — dem Kaiser Nicolaus die erschütternde Wahrheit der grausamen Verfolgung der Katholiken seines Reiches entgegenhielt.

ſtituiren. Dieſen Menſchen liegen die liberalen Reformen ſo ſehr am Herzen, daß ſie aus ihnen Dolche ſchmieden, um das Herz des Geſalbten des Herrn zu treffen.

Doch wozu, wird mancher Leſer fragen, jetzt eine Erörterung über Reorganiſation des Kirchenſtaates? Der Fortbeſtand deſſelben, auch in ſeiner jetzigen geſchmälerten Ausdehnung, iſt mehr als problematiſch und im Augenblicke kann Pius IX. beim beſten Willen nicht an die Verwirklichung der im Prinzip nie von ihm abgelehnten Reformen gehen (S. 636 ff.) Rathſchläge für eine vielleicht noch ferne Zukunft haben jetzt einen untergeordneten Werth und wenn die Flamme an einem Hauſe leckt, ſcheint es nicht an der Zeit, über deſſen bequemere und zweckmäßigere Einrichtung in der Zukunft zu disputiren. Indeſſen hat dieſe Betrachtung aus der Ferne immer noch ihren Werth und zum mindeſten dient ſie für den Nachweis, daß die wahren und vermeintlichen Gebrechen nicht als ſchlechthin unheilbar zu betrachten ſind. Das hat unſer Autor zunächſt beabſichtigt und faſt ſcheint es, er habe die Mißſtände, Gebrechen und Schwierigkeiten in möglichſt ſtarken Zügen ſchildern wollen, um deſto glänzender ihre Lösbarkeit und die Möglichkeit ſie zu überwinden und zu beſeitigen, zu erhärten. In die Zukunft vermögen wir freilich nicht zu blicken. Unter den drei (S. VI) oder fünf Möglichkeiten (S. 675 ff.), die der Verfaſſer aufzählt, müſſen wir bei der heutigen Weltlage allerdings auch diejenige in das Auge faſſen, nach welcher der Untergang des Kirchenſtaates nur der Vorläufer einer noch furchtbareren Kataſtrophe, nur das erſte Glied in der Kette gewaltiger ſocialer Umwälzungen wäre. In dieſem Falle iſt für lange Zeit eine Reſtauration der päpſtlichen Regierung nicht zu erwarten, vielleicht die Vollendung des jetzigen Weltlaufs nahe — der Kirchenſtaat wäre wie alles Irdiſche an das Ziel ſeiner Beſtimmung gelangt. Auch wenn der Verluſt der zeitlichen Papſtherrſchaft kein länger andauernder wäre, als unter Pius VI. und Pius VII. der Fall war, würden in unſerer Zeit der raſcheſten Entwickelungen die weittragendſten Veränderungen im

Innern des Landes vor sich gehen, vielleicht bestimmt, die zukünftige Reorganisation zu erleichtern (S. 665.), vielleicht wird die gedrückte Landbevölkerung (S. 570.) die ihr nothwendige bessere sociale Stellung erringen, die übermüthige Bourgoisie und der unwürdige Theil des Adels gedemüthigt und purificirt im Feuer der Drangsale, einer und der andere Nothstand nach und nach beseitigt. Daß Gott neue Wege finden kann, die Unabhängigkeit auch des enttbronten Kirchenoberhauptes zu sichern, weiß jeder Katholik, es ist ganz recht, auch diese Modalität zum Bewußtsein zu bringen; natürlich werden wir aber darum noch nicht mit den theologischen Einheitsfanatikern in Italien auf die unerforschlichen Rathschlüsse der Providenz allein recurriren, damit das opferfreudige Wirken für den bedrängten Vater der Christenheit aufgeben und, so viel an uns liegt, die heiligen Rechte der Kirche ohne Weiteres dem sardinischen Moloch zum Opfer bringen. Doch wenn wir auch nicht mit unzweifelhafter Gewißheit die restitutio in integrum für den päpstlichen Staat voraussagen können, berechtigte Hoffnungen darauf haben wir dennoch und ihre Grundlagen sind im vorliegenden Buche an mehr als einer Stelle theils angedeutet theils erörtert.

Die Frage des Augenblicks ist aber die: Was soll der heilige Vater im Angesichte der jetzigen Situation thun? Soll er in Rom ausharren oder fliehen? Fast scheint es, daß Döllinger (S. 664.) diese Flucht anräth, um so die päpstliche Würde der napoleonischen Knechtschaft und deren Intriguen zu entziehen, wofür das Beispiel älterer Päpste und manche Gründe zu sprechen scheinen. Allein soll der Papst das thun, was England, Piemont und die Revolutionäre aller Länder wollen und herbeizuführen suchen, was einer freiwilligen Hinopferung des Prinzips der Legitimität und des Völkerrechts gleichkäme? Indessen scheint uns Döllinger diese Flucht nicht für die jetzigen Verhältnisse, so lange noch Frankreich die ewige Stadt nicht an Piemont überliefert, sondern zunächst für den Fall anzurathen, daß Victor Emmanuel Herr derselben wird und den

Papst als Unterthan behandelt. Wir lesen S. 659.: „Kommt es wirklich dahin, daß der Papst nur zu wählen hat zwischen dem Unterthan und dem Verbannten, so wird er, wir hoffen es mit aller Zuversicht, das letztere wählen." Sehr richtig wird bemerkt, daß der Papst und der italienische König von Revolutionsgnaden nicht in derselben Stadt zusammenwohnen können und das Oberhaupt der Kirche in dem neuen Reiche nie frei sein kann. Auch wir glauben, daß der heilige Vater in einer solchen Eventualität Rom verlassen und nie im entferntesten den Rathschlägen Derjenigen Gehör geben wird, die ihn unter allen Umständen, auch entwürdigt und beraubt, dort zurückhalten wollen [1]). Döllinger hofft, daß eine solche temporäre Entfernung von seinem Sitze dem Papste manche secundäre Vortheile bringen, insbesondere Gelegenheit zur Beseitigung von Dingen, „mit deren Beibehaltung man jetzt sich quält" (S. 665.), bieten, und ein Verweilen in Deutschland der Curie manche heilsame Lehren geben wird (S. 662.). Hätten wir nur die tröstliche Gewißheit, daß in Abwesenheit des Papstes nur ein Augiasstall gesäubert, nicht aber größere Corruption und stärkere Fäulniß zur Geltung kommen wird! Hätten wir nur nicht in der protestantischen Presse ein wahres Zetergeschrei schon über den bloßen Gedanken sich erheben sehen müssen, daß zeitweilig das Oberhaupt des Katholicismus in Deutschland seinen Sitz aufschlagen könne! Wenn Döllinger's Buch die Hälfte jener confessionellen Antipathien zum Schweigen brächte, so wollten wir es als ein wahrhaft glückverheißendes segnen; aber wir fürchten, daß das mit Nichten der Fall sei. Wohin das Oberhaupt der Kirche sich wendet, so wird es trotz der wärmsten Sympathien von Millionen von tausend

---

1) Das ist der Grundgedanke einer unter dem Pseudonamen von Ernst Philalethes von dem Verfasser des Pamphlets pro causa italica ad episcopos catholicos (Passaglia) auf Geheiß der Turiner Protectoren kürzlich veröffentlichten Flugschrift: Obbligo del Vescovo Romano e Pontefice Massimo di risiedere in Roma, quantunque Metropoli del Regno Italico. Firenze. Le Monnier. 1861.

Schwierigkeiten umgeben fein; das ist das traurige Ergebniß der europäischen Politik des neunzehnten Jahrhunderts. Gott allein kann helfen, er wird es um so sicherer, je weniger auf menschliche Hülfsmittel zu zählen ist.

V.
Schlußbetrachtungen.

Im Anfange des vorigen Jahrhunderts schrieb der edle Fenelon: „Alles, was in der Einbildungskraft der Menge die Autorität des heiligen Stuhles herabwürdigt durch einen Schein der Schwäche, führt die Völker unmerklich zum Schisma; dadurch werden die Eifrigen entmuthigt und die Parteimänner verwegener gemacht. Je mehr man ihnen zugesteht, desto mehr unternehmen sie [1]." Es gilt das von der kirchlichen wie von der weltlichen Regierung Rom's, und von der einen wird nur zu häufig auf die andere geschlossen. Grelle Schilderungen römischer Zustände, wie sie so viele Bücher und Zeitungen unseren Gebildeten und Halbgebildeten lieferten, haben sehr oft die Gegner der Kirche dreister, ihre Freunde und Kinder zaghafter gemacht. Die Erfahrung liefert Beispiele in Menge. Fromme Damen einer meist katholischen Provincialstadt Süddeutschlands, die sich der Sammlung des Peterspfennigs unterzogen, wurden öfter mit der Erklärung zurückgewiesen, das gesammelte Geld diene doch nur für Aufrechthaltung einer schlechten Priesterregierung, die nicht mehr zu dulden sei, dafür werde man keinen Heller geben. Daß diese Anschauungen vielfach durch Döllinger's Schrift bestärkt werden könnten, hat man nicht ohne allen Grund befürchtet. Das Antidotum, das sie dagegen bietet, wird, wie die Welt nun einmal ist, leicht der wünschenswerthen Wirkung entbehren.

Männer, welche die Geschichte und die europäischen Zustände genau kennen, werden solche düstere Schilderungen we-

---

[1] Correspondance de Fénélon. ed. Paris 1827. t. IV. p. 462. Schreiben vom 12. April 1712.

niger allarmiren. Wenn sie von der absoluten Herrschaft der Päpste in den letzten drei Jahrhunderten hören, so wissen sie, daß der fürstliche Absolutismus in ganz Europa seit dem sechszehnten Jahrhunder herrschend war; wenn sie von despotischen Maßregeln in der Restaurationsepoche und Beseitigung alter Rechte hören, so wissen sie, daß es in Deutschland und vielen anderen Staaten nicht besser ging; wenn sie von dem bestechlichen Charakter der Laienbeamten lesen, so erinnern sie sich, daß es abgesehen von England und Rußland, im übrigen, nicht von Geistlichen regierten Italien um kein Haar anders war. Ja, einsichtsvolle und erfahrene Kenner der modernen Staatengeschichte überzeugen sich leicht, daß man von den meisten Ländern ein ebenso abschreckendes Bild zu entwerfen im Stande wäre; von Kurhessen, Mecklenburg, Schweden, ja von dem früher so gepriesenen Eldorado der Freiheit, den vereinigten Staaten von Nordamerika, haben wir noch mehr haarsträubende Schilderungen gelesen, Spaniens nicht zu gedenken. Wer die Zustände Neapels und Sardiniens von 1530—1830 prüft, wird — selbst die Richtigkeit aller Data vorausgesetzt — dem von Döllinger geschilderten Kirchenstaate noch den Vorzug zu geben versucht sein. In unseren Tagen noch erschien die Freiheit der Römer den die Freiheit exportirenden Franzosen beneidenswerth und, wenn in mehreren neueren Prozessen, wie im Prozeß Mirés, bedeutende Größen des Kaiserreichs schwer compromittirt wurden, so konnte gegen die päpstlichen Beamten, die wegen der Eisenbahn mit ihnen in Verbindung gestanden, nicht der Schatten einer Unredlichkeit nachgewiesen werden. Wer die Zustände anderer Länder mit den Augen der in England lebenden Flüchtlinge ansehen wollte, der würde den meisten derselben schweres Unrecht thun und sie sicher nicht im wahren Lichte sehen; sollte nun über den Kirchenstaat allein die Flüchtlingsliteratur das entscheidende Gewicht haben? Wo wir hinsehen in Europa, da finden wir eine kranke, alternde Gesellschaft. Wenn nun auch der päpstliche Staat darunter seufzt, soll er allein darum angegriffen werden, weil gerade an ihm mit Argusaugen jeder, auch der geringste Flecken, aufgesucht und mit Trompetenstößen von den Herolden der sogenannten öffentlichen Meinung über die weite Erde hin verkündigt wird?

So denken besonnene und wahrhaft gebildete Männer. Aber die Masse der oberflächlich Gebildeten sieht das Gebotene nur oberflächlich an, sie nimmt sich das heraus, was ihren Vorurtheilen schmeichelt, das Uebrige läßt sie unbeachtet stehen. Wenn „selbst katholische Theologen, wie Döllinger, dessen Name so guten Klang hat, die landläufigen Schilderungen bestätigen," wem sollten sie da noch einen Zweifel an deren Richtigkeit gestatten? Und wenn die in theologischer Beziehung völlig gewichtlosen Einwürfe, die aus dieser „Achillesferse der katholischen Kirche" entnommen zu werden pflegen, von unermeßlichem Einflusse auf die Stimmung der ganzen akatholischen Welt sind: sollten sie nicht auch auf so manche von außerkirchlichen Strömungen nahe berührte Katholiken einigen Einfluß üben? War es da nicht doppeltes Gebot der Klugheit und der Liebe, erst noch eine gründlichere Sichtung wahrer und falscher Anklagen vorzunehmen und die Krankheitserscheinungen einzeln selbstständig zu prüfen, anstatt — wenigstens zu einem nicht unbeträchtlichen Theil — auf die Aussagen Derjenigen hin ihre Existenz und Ausdehnung anzunehmen, in deren Interesse eine Vergrößerung des Uebels lag?

„Wer über so hohe, das Wohl und Wehe der Kirche nahe berührende Interessen zu schreiben unternimmt, der kann nicht umhin, die Weisheit und Gerechtigkeit Gottes in der Leitung der hierauf bezüglichen irdischen Ereignisse zu erforschen und zu zeigen. Das Verhängniß, das den Kirchenstaat getroffen, muß doch vor Allem unter dem Gesichtspunkte einer göttlichen Veranstaltung zum Besten der Kirche aufgefaßt werden. So gefaßt, stellt es sich dar als eine Prüfung, die so lange dauern wird, bis der Zweck erreicht, das Wohl der Kirche von dieser Seite sicher gestellt ist" (Vorrede S. XV). Wir können nun bei geschichtlichen Ereignissen, namentlich bei solchen, die noch nicht zum völligen Abschluß gediehen sind und noch in die unmittelbare Gegenwart hereinreichen, nicht mit Sicherheit unterscheiden, was unter Gottes Veranstaltung und was nur mit seiner Zulassung geschieht; und der historische Pragmatismus ist hier ein Postulat, das nicht immer befriedigt werden kann; aber wenn wir Vergangenheit und Gegenwart vergleichen, so däucht uns, der leitende Gesichtspunkt könne nur der sein, daß die Freiheit der Kirche durch Vernichtung ihres äußeren Bollwerkes angegriffen ist und die Vorsehung jene auf das Neue durch eine rettende That beschirmen wird, daß der Katholicismus selbst in einer neuen Form, durch scheinbar nicht unberechtigtes nationales Streben, von einem concentrirten Feindesheere auf das äußerste bekämpft und bedroht werden soll, um seine weltbezwingende Kraft abermals zu erproben. Die „politischen Sünden" des kirchenstaatlichen Regiments waren nur eine Waffe für den ersten Angriff; mit winzigen Ausnahmen haben jetzt die Angreifer das alte Thema der Nothwendigkeit der liberalen Reformen aufgegeben und dafür das schwere Geschütz der Nothwendigkeit der nationalen Einheit in den Vordergrund gestellt. Und hinter dem Nationalitätsschwindel steht der Despotismus, der die unabhängigste Macht der Welt seinen Zwecken dienstbar machen will. Gleicht hierin der Angriff demjenigen, den Pius VII. erfahren, so ist der jetzige darin von diesem verschieden, daß in den Vordergrund die ganze Emeute der antichristlichen Conspiration getreten ist, die unter dem Banner Garibaldi's die „Viper", den „Vampyr" zu Rom vernichten will und schon durch ihre infernale Sprache ihre letzten Absichten zu erkennen gibt. Das haben unseres Erachtens die Ereignisse immer deutlicher bewiesen und ist es der Plan der Vorsehung, auf ihrer Tenne die Spreu vom Weizen zu sondern und jene mit der Feuersgluth der Katastrophen zu verzehren, dann ist für sie die Beseitigung einiger veralteten Institutionen höchstens nur ein untergeordnetes und secundäres Werk, dann handelt es sich in erster Linie um höhere, religiöse Interessen, um Ausscheidung und Ueberwindung der satanischen

Verschwörung, die bereits die Luft Italiens verpestet und Europa mit einem allgemeinen Umsturz bedroht hat.

Das Hauptgewicht legen wir immer auf die innere geistige Regeneration, ohne welche keine äußeren Verbesserungen Gedeihen bringen können. „So oft krankhafte Zustände in der Kirche[1]) hervorgetreten sind, hat es nur Einen Weg der Heilung gegeben: den des geweckten, erneuerten, gesunden kirchlichen Bewußtseins, der erleuchteten öffentlichen Meinung in der Kirche. Der beste Wille der kirchlichen Häupter und Führer hat die Heilung nicht zu vollbringen vermocht, wenn sie nicht die allgemeine Stimmung, die Ueberzeugung der Geistlichen wie der Laien für sich hatten." Der Umschwung in den Geistern wird Gottes Werk sein, ob er aber Ursache oder nur Ergebniß und Wirkung eines neuen Sieges der Kirche über beklagenswerthe Zustände und gefährliche Feinde ist, können wir nicht wissen. Reichhaltigen Stoff zum Nachdenken für Alle, denen es mit der Sache des Christenthums Ernst ist, hat die Schrift Döllinger's geboten; möchte nur der die kirchlichen Verhältnisse in außerkatholischen Kreisen behandelnde erste Theil derselben ebenso gut studirt und erwogen werden, als der zweite gierig gelesen und ausgebeutet werden wird. Dann werden die guten Früchte dieser allgemein mit Interesse aufgenommenen

---

1) Befremden mag es manchen Leser, daß hier von den krankhaften Zuständen in der Kirche gesprochen wird, während vorher (S. XIV) gesagt ist, daß es sich um Wunden handelt, „die nicht an der Kirche selbst, sondern nur an einem mit der Kirche in nächste Berührung gekommenen und die Kirche in die Mitleidenschaft hineinziehenden Institute klaffen", und daß an die Wunden der Kirche im Reformationszeitalter und an deren Verjüngung und Reform anknüpfend der Wunsch erscheint: „Möge denn auch dem neunten Pius eine starke, gesunde, einmüthige, öffentliche Meinung im katholischen Europa entgegenkommen" (S. XIX), gleich als ob die vorher (S. XVIII) für nothwendig erklärte Erkenntniß nicht nur der Nothwendigkeit der weltlichen Papstmacht, sondern auch der Bedingungen ihrer ferneren Möglichkeit der Weg der Heilung für krankhafte Zustände der Kirche sein und das sonst scharf getrennte hier vermischt werden solle.

Erscheinung überwiegend und für alle treuen Katholiken ebenso
erbauend als für die Außerkirchlichen warnend und belehrend
sein.

Im Allgemeinen ist der Ausdruck Döllinger's wohl gewählt
und umsichtig präcisirt. Nur an einigen Stellen scheint uns
diese Präcision weniger gewahrt. So z. B. wenn (S. V) der
Inhalt der bischöflichen Erlasse dahin angegeben wird, daß der
Kirchenstaat „zur Integrität der Kirche" gehöre, was in
den uns bekannten Hirtenbriefen und sonstigen Aeußerungen
nicht gesagt wird, wo vielmehr der Kirchenstaat nur als ein
Medium und eine Bürgschaft für die unabhängige Ausübung
des apostolischen Oberhirtenamtes bezeichnet ist. Wenn dann
im ersten der zwei Vorträge (S. 672.) sich die Worte finden,
es habe zur Zeit der Napoleonischen Herrschaft Cardinal Pacca
sich mit dem Gedanken an das Erlöschen der weltlichen Herr=
schaft des römischen Stuhles befreundet, so könnte dieser
letztere Ausdruck im Zusammenhange mit den in demselben
Vortrage folgenden Worten leicht dahin gedeutet werden, als
habe der berühmte Leidensgenosse Pius VII. das Aufhören die=
ser zeitlichen Souveränetät zuletzt sogar für etwas Wünschens=
werthes gehalten. Dem Verfasser, der die Stelle [1]) sicher im

---

[1]) Cardinal Pacca erzählt in dem seinen Memoiren vorangehenden
Briefe an seinen Bruder Joseph, welche Gedanken ihn in den düsteren
Stunden seiner Gefangenschaft bestürmten, und nachdem er ausgeführt,
wie vielleicht die Vorsehung auch den Untergang der zeitlichen Herr=
schaft des römischen Stuhls zum Heile der Kirche bestimmt habe, fährt
er fort: „Diese und andere Erwägungen schwächten meine Hoffnung
in Bälde die päpstliche Regierung wiedererstehen zu sehen, und ließen
mich bisweilen denken, es sei — für längere Zeit wenigstens —
dieses glückliche und von uns so sehr ersehnte Wiedererstehen nicht
zu hoffen. In diesen Momenten stellte ich im Geiste die Vertheidig=
ungsgründe für mein Verhalten im Ministerium sowie außerhalb des=
selben zusammen, und ergeben in den göttlichen Willen, schloß ich,
was da immer geschehen möge: Justus es Domine et justum judicium
tuum. (Memorie storiche del ministero, de' due viaggi in Francia, e
della prigionia del Cardinale Bartolomeo Pacca. Roma 1830. pag
13—15.)

Zusammenhange las, konnte ein Mißverständniß wohl nicht begegnen, dagegen sehr leicht seinen Zuhörern oder Lesern, die den Text Pacca's nicht kannten oder nicht vor sich hatten. Was die Aeußerung betrifft, die nach der Erzählung des Erzbischofs von Rennes Pius IX. gemacht haben soll (S. IV), so hat sie an sich nichts Befremdendes oder Unglaubliches, läßt sich aber sehr leicht in dem Zusammenhang, in dem sie hier erscheint, falsch interpretiren. Vielleicht sind im Weekly Register die Worte: „die weltliche Gewalt muß fallen," ungenau wiedergegeben; der Sinn des „muß" (soll deve cadere) bestimmt sich unzweifelhaft durch den Hinweis auf die Pariser und Turiner Politik, die Solches beschlossen; keinesfalls aber ist die Aeußerung der vorher angeführten angeblichen [1]) Worten des Cardinals Bernetti parallel.

Auch einige andere Stellen können wir nicht ganz mit Stillschweigen übergehen. Wir lesen unter Anderem (S. 525. 526.): „Als zwei Päpste hintereinander, Pius VI. und Pius VII., ruhig in ihrem Lande ausharrend, sich von den französischen Machthabern zu Gefangenen machen, nach Frankreich schleppen und einkerkern ließen, da konnte man Vergleiche anstellen zwischen sonst und jetzt. Ein Alexander III., ein Innocenz IV. wäre hinüber nach Sicilien gegangen, und hätte dort, den gallischen Tyrannen unerreichbar, unter englischem Schutze die Kirche zu regieren fortgefahren. Nicht so die beiden Pius; beide höchst gewissenhaft, stellten sie doch beide den Landesfür-

---

1) Chateaubriand, der jene Worte in seinen Memoires d'outre tombe berichtet, hat bei seinen unläugbaren Verdiensten doch sich als sehr eitel, großsprecherisch und nicht in Allem zuverlässig erwiesen und viele seiner Behauptungen haben wohl gegründete Zweifel erregt. Wenn es aber wahr ist, daß ein Mann wie der Staatssecretär Bernetti den drohenden Untergang der weltlichen Macht des Papstthums voraussah und dennoch in der bisherigen Weise zu regieren fortfuhr, so scheint nur die Annahme zu erübrigen, daß er eben eine andere Regierungsweise, wenn nicht für immer, doch für die damaligen Umstände für unausführbar hielt.

sten gewissermaßen höher als das Kirchenoberhaupt, sie wollten ihren Staat, ihr Volk nicht verlassen, sie zogen vor, gleich jenen römischen Senatoren den Gallier auf ihren Stühlen zu erwarten, und — die Welt weiß, wie sie behandelt wurden." — Wir würden dieses Räsonnement nicht im Geringsten beanstanden, wäre bei diesen ausgezeichneten Päpsten die Rücksicht auf ihren Staat und ihre Unterthanen das einzige oder auch nur das hauptsächlichste Motiv ihres Ausharrens in Rom gewesen. Aus vielen und großentheils religiösen Gründen hatte sich Pius VI. entschlossen, in jeder Bedrängniß in Rom auszubarren, und dieser hochherzige Entschluß fand allenthalben auch bei Außerkirchlichen den lautesten Beifall [1]). Schon am 10. Juni 1794 schrieb Cardinal Bernis über das von englischen Staatsmännern dem Papste gemachte Anerbieten eines Asyls: „der Papst glaubt nur gezwungen und mit Gewalt fortgeschleppt das Grab der heiligen Apostel verlassen zu sollen und zu dürfen; sein unwiderruflicher Entschluß ist, den im Namen der Revolution kommenden Feind am Fuße des Crucifixes zu erwarten [2])." Was Pius VII. betrifft, so wäre, abgesehen von der Schwierigkeit einer Flucht aus Rom, das ringsum von den Franzosen bewacht war [3]), das Entweichen nach der von den Engländern protegirten Insel Sicilien von den Feinden des heiligen Stuhles, wie die schon vorher dem Papste gemachten Vorwürfe beweisen [4]), in der gehässigsten und für die französischen Katholiken insbesondere bedrohlichsten Weise ausgebeutet worden [5]). Zudem war der Papst auf den Inseln Sicilien oder Sardinien ganz abgeschnitten von Rom und dem übrigen

---

1) Bekannt sind die Aeußerungen des Genfers Saracin und die des Johannes von Müller in seinem Briefe vom 4. März 1797.

2) *Crétineau-Joly*, L'église romaine en face de la révolution, vol. I. p. 192.

3) *Pacca*, Memorie storiche. P. I. c. 3. p. 27. 30.

4) Namentlich in den Briefen Napoleons vom 7. Januar und 13. Februar 1806.

5) *Pacca* l. c. p. 30. 31.

Europa, jeder Communication mit dem größten Theile der Christenheit — und das nicht, wie es nachher der Fall war, durch fremde, sondern durch eigene Schuld — beraubt, getrennt vom heiligen Collegium und den unentbehrlichsten Beamten der Curie. Auch hätte diese Flucht lediglich die persönliche Sicherheit des Papstes bezweckt und diese schien kein hinreichender und für den Statthalter Christi ruhmwürdiger Beweggrund, während es viel würdiger und rühmlicher erschien, allen Leiden muthig entgegenzugehen und nicht sich gewissermaßen für die Trübsale, die für die ganze Kirche sich ergeben konnten, vor den Augen der Menge mitverantwortlich zu machen [1]). In der That haben die päpstlichen Martyrer der Kirche stets mehr genützt als diejenigen, die, wenn auch aus den besten und gewichtigsten Gründen, durch Flucht sich schweren Verfolgungen entzogen.

Fast ist zu befürchten, daß manche Leser aus den oben angeführten Worten schließen, es sei der Kirchenstaat doch eben nur ein das kirchliche Wirken der Päpste herabdrückendes Bleigewicht, dessen sich dieselben je eher desto besser entledigen sollten, während sie selber eine Bürgschaft ungehinderten und unabhängigen Wirkens darin sehen. Dieser Eindruck wird bei manchen Lesern um so mehr sich festsetzen, als kurz vorher (S. 525.) daran erinnert worden ist, daß unter Clemens XIV. die Aufhebung des Jesuitenordens von den bourbonischen Höfen dadurch erreicht ward, daß man den heiligen Stuhl gerade beim Kirchenstaat faßte und mehrere Gebiete desselben wegnahm. Allein gleichwie Clemens XIII. sich durch diese Occupationen nicht schrecken ließ und auch in der Zeit vom Juni 1768 bis zu seinem Todestage, dem 2. Februar 1769, standhaft ausharrte, also die kirchlichen Interessen entschieden den politischen vorzog, so war auch bei Clemens XIV., der auch ohne weltliche Souveränetät dieselbe, wenn nicht noch größere Nachgiebigkeit gegen die Höfe gezeigt hätte, nicht allein die Rücksicht auf die

---

1) *Pacca* l. c. p. 33—35.

Wiedererlangung der entriſſenen Gebiete, ſondern auch die Furcht vor einem Schisma in den von Bourbonen regierten Ländern [1]), vor gewaltſamer Unterdrückung aller übrigen Orden [2]), vor noch größerem Unheil Beſtimmungsgrund für die Zerſtörung der dem römiſchen Stuhle ſo ergebenen und ſo hoch verdienten Geſellſchaft. Wenn aber Clemens XIII. ſo muthig Widerſtand leiſtete, ſo zeigt eben ſein dem Geiſte ſeiner großen Vorfahrn entſprechendes Verfahren, daß die Rückſicht auf den Kirchenſtaat nicht eine Nöthigung involviren konnte, einen ſonſt nie geſetzten Schritt zu thun oder zu einem Unrecht die Hand zu bieten und daß ein perſönlicher Fehler eines Einzelnen nicht den Päpſten überhaupt aufgebürdet werden kann. Wenn endlich an den 1797 geſchloſſenen Frieden von Tolentino erinnert wird (S. 526.), ſo iſt zwar die Anführung in der Weiſe, wie ſie hier vorkommt, völlig gerechtfertigt, zur Vermeidung von Mißverſtändniſſen dürfte aber doch auch an dasjenige zu erinnern ſein, was hierüber Cardinal Antonelli in ſeiner Note vom 29. Februar 1860 bemerkt hat.

Mehreren Stellen nach ſcheint Döllinger zu glauben, daß er überall ſehr gemäßigt und rückſichtsvoll geſprochen und die Farben nie zu grell aufgetragen hat. Allerdings ſind manche Ausdrücke nicht ſo derb, wie bei einzelnen der angeführten revolutionären Autoren; aber das Ganze der Schilderung iſt, da faſt kaum die guten Seiten der päpſtlichen Regierung berührt werden, bitter und hart genug. Wenn wir z. B. (S. 543.) leſen: „Die Geſetze über den Handel waren ſo unbegreiflich verkehrt, daß der Verdacht geäußert wurde, ſie möchten gefliſſentlich auf die Unterdrückung alles Kunſtfleißes und Handels berechnet ſein": ſo fragen wir uns doch, warum mit keiner Sylbe ſo viele treffliche Maßnahmen auf dieſem Gebiete, wie

---

1) *Theiner*: Histoire du pontificat de Clément XIV. t. I. p. 402. II. p. 258 und ſonſt öfter.

2) Monnino's Depeſche an Grimaldi vom 16. Juli 1772 bei Saint-Priest. Hist. de la chute p. 153.

von Clemens VII.[1], von Benedict XIV.[2], von Pius VI.[3] erwähnt worden sind. Wenn wir wiederholt auf die scheuß= lichen Gefängnisse (S. 579. 589.) hingewiesen sehen, so hätte eine Rücksicht auf die Zeugnisse von Howard, Tournon, Cor= celles, Jules Gondon, auf die vielen höchst weisen Vorschriften zur Verbesserung des Gefängnißwesens, besonders über die re= gelmäßigen und außerordentlichen Visitationen und die Tren= nung der Untersuchungs= und Strafgefangenen schon in älterer Zeit[4], dann auf die unter Pius IX. getroffenen Maßnahmen[5] wenigstens einigermaßen angedeutet werden können.

Wir können hier nur zwei Fälle annehmen: Entweder wollte der Autor eine ganz objective und genaue Darstellung der Zu= stände des Kirchenstaates geben, die alle wesentlichen Momente umfaßt, und dann mußte er nicht bloß die Schatten=, sondern auch die Lichtseiten in sein Gemälde aufnehmen, oder er wollte nur die seiner Ansicht nach von den Apologeten der päpstlichen Regierung theils zu wenig gewürdigten, theils ganz außer Acht

---

1) Ce dernier pontife, schreibt der frühere napoleonische Präfect von Rom, Herr von Tournon (Etudes statistiques sur Rome. Paris 1831. t. I. p. 305. 306.) sut employer le premier un moyen autrement effi- cace que les autorisations d'ensemencer les propriétés d'autrui, en permettant l'exportation des grains toutes les fois que leur prix ne dépasserait pas certaines limites. Ainsi ce principe, dont on fait ordinairement honneur aux Anglais, fut posé par un pape du sei- zième siècle.
2) Man vergleiche dessen Constitution vom 29. Juni 1748 (Bullar. t. II. p. 190 seq. ed. Venet.) über den freien Handel zwischen den ein= zelnen Provinzen, besonders die Einleitung, und die vom 30. Mai 1749 (Bull. III. p. 40 sqq.).
3) Vgl. über ihn Tournon l. c. p. 307.: Pie VI, dont les vues étaient très-étendues et l'esprit très-éclairé etc.
4) J. B. Benedict's XIV. Motuproprio vom 12. Mai 1749 (Bull. III. p. 33—35.).
5) Giornale di Roma 8. April 1861 gegen den entstellenden Bericht des Marchese Pepoli über Umbrien. (Memoria sulle prigioni dell' Umbria.)

gelassenen Mißstände hervorheben und dadurch deren Schilderungen ergänzen, und dann mußte er wohl wissen, daß Viele sein Buch lesen würden, die jene apologetischen Arbeiten von Maguire u. s. f. nicht kennen, bei denen er das härteste Urtheil hervorrufen würde, mußte diesen Apologeten bestimmter und deutlicher, als es geschehen, ihre Einseitigkeiten entgegenhalten und nachweisen, mußte von vornherein jenen Standpunkt besser präcisiren. Denn daß er lediglich die Rolle eines Anklägers gegen die zeitliche Regierung des heiligen Stuhles übernehmen, oder etwa für früher vorgetragene Sätze was immer für Belege zusammenbringen wollte, läßt sich von einem Manne von solchem Charakter nicht ohne das schwerste Unrecht annehmen. Warum hat er also so sparsam die guten Seiten der so viel verläumbeten Regierung behandelt, die von der Presse aber schon so oft vorgebrachten Mißstände so weitläufig ausgemalt? Der Historiker mußte wissen, daß das Schlimme überall auf der Oberfläche schwimmt und leichter erkannt und zur Notiz genommen wird, als das Gute, das so oft im Verborgenen sich findet, so oft verkannt und mißachtet wird, daß nichts so gründliche und eingehende Beobachtung, so vielseitige Studien erheischt, als die Beurtheilung gerade dieses Landes und das von den Liberalen Italiens gebotene Material für nichts weniger als ausreichend erachtet werden kann.

Auch die Frage hat sich uns aufgedrängt, warum denn in der ganzen Schilderung das Unterrichtswesen fast gar nicht berührt wird. Haben die in dieser Schrift sonst benützten Autoren Farini, Gennarelli u. s. f. Recht, so liegt dieses ebenso im Argen, wie alles Uebrige; haben sie aber darin übertrieben, so liegt die Vermuthung nahe, daß sie auch in anderen Punkten nicht immer das Richtige gegeben.

Mit dem Gesagten steht ferner in Verbindung, daß so manche Quellen und Vorarbeiten eben nur da benützt scheinen, wo es sich um Darstellung von Gebrechen handelt, aber völlig unberücksichtigt bleiben, wo die päpstliche Regierung vertheidigt wird. Das gilt namentlich von dem Gebrauche der berühmten

Depesche des Grafen Rayneval, von der viele höchst wichtige Stellen [1]) unbeachtet geblieben sind; das gilt von mehreren Aeußerungen von Guizot; von dem Werke des Hrn. von Tournon und einer Anzahl anderer Schriften ward gar keine Notiz genommen. Die Gesetzgebung ist nicht aus den Quellen studirt worden; der berühmte Gelehrte hat sich begnügt, die Urtheile der liberalen Historiker zu excerpiren, denen er Alles auf das Wort zu glauben scheint. Wir suchten vergebens nach dem Schatten eines Beweises für die von Gualterio und Farini sowie ihren Nachbetern in England und Deutschland aufgestellte Behauptung, daß die päpstliche Regierung reactionäre Geheimbünde errichtete oder errichten ließ — seit drei Jahren hatten wir uns vergeblich darnach umgesehen —; aber wir lesen bei Döllinger nur die Behauptung (S. 561 und sonst) reproducirt ohne alle Belege und haben allen Grund zu der Annahme, daß die benützten „Geschichtsquellen" hier ebenso zu Mystificationen geführt, wie wir solche bereits früher nachgewiesen haben.

Unter diesen Umständen wird uns der Genuß, den viele

---

[1]) Wir lesen in diesem Actenstücke nach einer ausführlichen Darstellung der von der päpstlichen Regierung eingeführten Verbesserungen: „Das Gesagte muß dafür den Beweis liefern, daß alle von dem römischen Hofe ergriffenen Maßregeln den Stempel der Vernunft, der Weisheit, des Fortschritts tragen, daß sie bereits glückliche Resultate herbeigeführt haben, endlich daß es keinen Punkt des Wohlstandes oder der Moral des Volkes gibt, der der Aufmerksamkeit der Regierung entgangen wäre, worauf sie nicht ihre Wirksamkeit in einer vertheilbringenden Weise erstreckt hätte." Wir lesen darin ferner: „Es ist gänzlich ein Ding der Unmöglichkeit, inmitten der die Gemüther theilenden Leidenschaften eine wahrhaft volksthümliche Verwaltung zu schaffen. Aber selbst zugegeben, daß es glückte, so würde sie doch in inem kritischen Augenblicke ebensowenig einen Vertheidiger finden, als vom Grafen Rossi versuchte Unternehmen. Einfache Reformen würden emanden befriedigen. Ich glaube mehr als genügend bewiesen zu , daß nicht da der Kern der Frage liegt und daß im Uebrigen das n Freuen der päpstlichen Regierung keineswegs so beschaffen ist, daß ma. olk als in seinen wohlbegründeten Interessen verletzt betrachten könnte."

meisterhaft gearbeitete Abschnitte des Buches uns gewährt haben, bedeutend verkümmert und beeinträchtigt; die Schilderung des Kirchenstaates müssen wir als eine in der Hauptsache mißlungene, einseitige und entstellte entschieden zurückweisen. Nach dem von uns Erörterten wird uns Niemand zu großer Härte beschuldigen können, wenn wir diese neueste Schrift in dem zweiten Haupttheil als eine beklagenswerthe Erscheinung bezeichnen, die dem hohen Rufe des Verfassers keineswegs entspricht. Im Gegensatze gegen die meisterhafte Vollendung in Form und Inhalt, die wir mit Recht an den kirchenhistorischen Arbeiten desselben so hochschätzen, fällt das Unfertige, Unvorbereitete, wir möchten sagen Ueberstürzte und Harte dieser Lucubration nicht wenig auf. Wir sprachen offen unsere Ansicht aus, und das um so entschiedener, je mehr das Ansehen des Verfassers geeignet ist, vielen ungünstigen Urtheilen über die päpstliche Regierung und Verwaltung Vorschub zu leisten. Uns gilt das Wort: Amicus Plato, sed magis amica veritas. Döllinger steht uns hoch, aber höher steht uns die Ehre des apostolischen Stuhls.

Wenn wir daher in diesen nach aufmerksamer Lecture der Schrift Döllinger's zu Papier gebrachten Bemerkungen irgendwie zu schroff und hart, mit zu wenig Rücksicht auf die von uns stets freudig anerkannten hervorragenden Leistungen des Mannes, mit zu wenig Delicatesse und Zartgefühl uns ausgedrückt haben sollten: so möge der Eifer für die Wahrheit und für die Sache des unserer Ueberzeugung nach auch in seiner weltlichen Regierung verehrungswürdigen Stuhles des heiligen Petrus das rauhe und scharfe Wort entschuldigen, das nicht zu verletzen, sondern nur nach dem geringen Maße unserer Einsicht zur Würdigung einer vielverkannten Regierung Einiges beizutragen bestimmt ec.